U0022748

心一堂當代術數文庫　堪輿類

玄空基礎探微

——玄空風水心得（三）

李泗達　著

書名：玄空基礎探微——玄空風水心得（三）
系列：心一堂當代術數文庫　堪輿類
作者：李泗達
責任編輯：心一堂當代術數文庫編輯室
封面設計：陳劍聰

出版：心一堂有限公司
通訊地址：香港九龍旺角彌敦道610號荷李活商業中心十八樓05-06室
深港讀者服務中心：中國深圳市羅湖區立新路六號羅湖商業大厦負一層008室
電話號碼：（852）9027110
網址：publish.sunyata.cc
電郵：sunyatabook@gmail.com
網店：http://book.sunyata.cc
淘宝店地址：https://shop210782774.taobao.com
微店地址：https://weidian.com/s/1212826297
臉書：https://www.facebook.com/sunyatabook
讀者論壇：http://bbs.sunyata.cc

版次：二零二二年四月初版

平裝

定價：港幣　一百八十元正
　　　新台幣　七百五十元正

國際書號　978-988-8583-97-3

香港發行：香港聯合書刊物流有限公司
香港荃灣德士古道220-248號荃灣工業中心16樓
電話號碼：（852）2150-2100　傳真號碼：（852）2407-3062
電郵：info@suplogistics.com.hk

台灣發行：秀威資訊科技股份有限公司
地址：台灣台北市內湖區瑞光路七十六巷六十五號一樓
電話號碼：+886-2-2796-3638　傳真號碼：+886-2-2796-1377
網絡書店：www.bodbooks.com.tw
台灣秀威書店讀者服務中心：
地址：台灣台北市中山區松江路二〇九號1樓
電話號碼：+886-2-2518-0207
傳真號碼：+886-2-2518-0778
網址：www.govbooks.com.tw

中國大陸發行 零售：深圳心一堂文化傳播有限公司
地址：深圳市羅湖區立新路六號羅湖商業大厦負一層008室
電話號碼：（86）0755-82224934

心一堂微店二維碼

心一堂淘寶店二維碼

目錄

陳序

繼《玄空風水心得》、《玄空風水心得（二）》，李泗達先生即將推出新作《玄空風水心得（三）》。有幸獲邀寫序，感謝泗達不嫌兄弟才疏學淺，並委以重任。

認識泗達已有半個世紀，由於鄰居關係，我倆成為好友，一起成長。相繼搬離屋邨，各自為前程打拼而失聯了三十多年。去年後來泗達在臉書中瀏覽到我的訊息，再度重逢，回味童年時生活點滴，欣喜萬分。印象中，年少時候的泗達非常勤奮好學、循規蹈矩。多年來除取得香港理工大學紡織系碩士外，更醉心於風水學說，孜孜不倦的鑽研，拜師學習、到處實地堪察，對玄空風水，極具心得。

實話實說，我是商人，對於風水學是門外漢，但經泗達指點和解釋，略有體會，感覺奧妙。泗達的風水學派不流於迷信，據瞭解，風水是綜合自然科學，透過精算和特定佈局增加能量，彌補不足，進而改善居住或工作的環境。

我太太對泗達的玄空風水甚感興趣，曾拜讀著作，可惜未有風水學基礎，未能深入理解。得知泗達第三本著作即將面世，且講解玄空風水的基礎理論，非常歡喜和期待。

陳礎基序於香港

二〇二一年十月

林序

風水學有句話：「巒頭無假，理氣無真。」近代理氣家百花齊放，最為流行者，為玄空飛星之法，自沈氏玄空面世，用飛星者尤多，法門千萬，眾說紛紛，各有自己理法。

與好友李泗達相識廿載，當你和他談論風水學說時，你自會體會他對玄空的執着，果斷和自信，足見其玄空學問底子的深厚。

前幾年泗達兄著作了兩集《玄空風水心得》，內容所言皆此法秘中之秘也，實入玄空法之最佳門階，今次再出三集，更會再從基礎論起，實乃有心研究玄空學之讀者最好的參考工具書，讀者不宜輕而視之，誠意希望各讀者從書中受到有益的啟示，共同提高玄空學之領域。

林千博

辛丑季秋

易學風水術數是中華傳統文化之瑰寶（代序）

老朽踏進古稀有年矣！

生老病死乃人生之規律，不足為奇，只是近年部分道門好友、知名的術數前輩，由退隱江湖至陸續駕鶴而去，使我等輩份忽成此業之長輩（輩份而已，學問則未），新一代接班之勢已成，將來術數江湖當另有一番景象。自忖人生至此，有一天算一天矣。只是活到老仍想學到老，探討易學術數之心尤未想停下來！且過去基礎積累，現在領會問題較年輕時亦快，多年未悟之問題有時竟能想通，亦老之好處吧？由是激發自己雖是晚學而尤有繼續學習之雄心，更有身邊一眾熱誠斯學的中青徒眾，學習熱情亦激盪我的奮進。……只是想到今人用斯術多屬服務一家一姓一宅，為朋輩謀謀事業健康，個人則充作生計糊口，甚至仍被人目為迷信不科學，未能登大雅之堂而普及於眾，與自古斯術原為國家民族而用，助益社會善良，指點忠孝仁義之人，以人之品德為傳術授業解難的優先考慮大大不同。故對斯術之社會現狀頗有感慨！

斯術之大，譬之參天古樹，其根源於古易，是天地間之總規律，是宇宙間的真理，所謂『道』之理，由源至流而含義理象數，分而用之則有各種術數，如參天大樹之枝葉開散，各領一片領域之風騷。惟其源不外無極太極，而後陰陽五行、四象八卦九宮、天干地支、六十四卦三百八十四爻，凡宇宙造化的奧秘精蘊，無論宏觀微觀，皆在其中，所謂易道廣大，無所不包……。分之而有義與理，顯之而有象與數，用之而有法與術，上古遠古之古聖先王，由伏羲而降堯舜禹、文王周公孔子，自河圖洛書無字天書至經傳辭陸續形成，均從中得以窺天地之奧秘，知大道之神機，而用為眾生萬民謀福祉，開清平之大同社會。而後歷世之賢人君子智者，如張子房袁天罡李淳風諸葛孔明劉基伯溫等，得而用之於輔政，安邦定國，使社會安定、天下太平、民豐物阜；用之於宅，如唐代楊益公字筠松民間之稱救貧仙師，以此術傳世而成現今風水學之宗師，及後之曾、廖、賴、蔣、章……諸公，更令斯術於民間發展大放異彩，亦成為默默守護國家之一隊異軍，使民生得風生水起、丁財兩旺、家宅安寧。至於同源而發展的醫卜星相，在正派術者用之，亦能指迷途出覺路，教逆境變坦途，助病者復康寧。更有具金剛般若大智慧者，能悟人生之苦短，知過去現在未來三世業力之嚴酷，明靈性身命即性命之理，行精神魂魄意攢簇與形神合一的妙用，在世則以謀健康之計、體魄強壯、養生之道，出世則思用之於人身修煉，超脫輪迴苦海、成仙成佛之方。益見易道廣大之真實不虛！

古聖無時無刻不以造福萬民為念，譬以微梢末節之風水用品羅盤而論，由軒轅黃帝指南針之克敵，到後來海陸航行之座標指向，至今日精密科學上天下地之應用兼及堪輿之羅盤，均為正能量以陰陽五行製器尚象概念造福社會之用，不存控制威脅謀掠他人之念，其實我中華其他幾大發明亦莫不如是！但由於用之於生活，以至有人嘲諷先賢發明之淺薄，未及別人使用之科學及偉大云，如發明火藥只製造爆竹煙花，而不及西洋之製作鎗炮作殺人武器！殊不知此正是中華文化之優勝，處處以道德仁慈博愛而不存好勇鬥狠欲置他人於死地之惡念之顯現！即如萬里長城為古國境線作抵禦外侮防衛家園而不是侵犯他人之善良心態，亦我中華無一兵一卒侵略外邦的傳統心性。反觀西洋學我用我之器物，盡用心於霸凌別人塗炭生靈之事，甚至泯滅人性真正的滅人種族，中外人心孰慈孰惡可見於此，不可同而語也！由此觀我們研習風水，古有仁人孝子，欲為祖先父母求一席安寧之地入土而盡孝，現有為家人尋一所健康快樂平安之窩居，其內心或盡孝道，或欲安寧，是屬正思正念和平的思維！即以前面述及的助人觀看家宅，其實亦只是利用環境優勢幫人求得健康身心靈及頭腦清醒，以助事業進步財富日增，所謂丁財兩旺，甚至讀書有成，聰敏文昌，亦人求進步之正思維，無可厚非也！思此即明上古中古近古幾千年先聖先賢為中華後世，創立奠基之各門術數時的初心，其實如同菩薩的心腸，實欲造福後世子孫，令我中華繼續傲然屹立世上而已！故斯術之主脈仍擇忠厚老實孝悌仁義之士而傳，每時每代均有對社會之重要影響產生，而有幸得學斯術者其志宏遠高尚，讀者可體會耶！？

………

李君泗達，亦上述志懷高遠之士，多年來對中華傳統術數之學習研究孜孜不倦，尤對風水一術沈醉迷醉，屬「發高燒」群中之一，遇有疑惑之處，細心探索反覆求證，未得解悟便窮追不捨，學習研究熱情奇高，至今已著有心得數本，引動術數江湖關注，其於沈氏玄空學的細微難明處，破解了不少求學此術者心中之謎團，其心之慈，其志之遠，其力之毅，其學之勤，於斯術其影響之大，令余敬佩！今李君新著面世，問余索序，余榮幸不已，惟手不從心，自覺未能表達心中所想之情！讀者諸君，當從書中察李君之苦心真摯，筆耕之懇切辛勤，探究之認真細微，而一起體悟古聖先賢之憂天下來世之心，實一脈相傳也！樂為之序！

陸毅（法號 道元）

寫於辛丑年冬至前

莫序

老實說，我一輩子也沒想過，有人會叫我為他的書寫序。

當李君叫我為他的新書寫個序時，反應有點不知所措∴第一，我並非名人異士，第二，我對風水命理只略懂皮毛，第三，語文也非我的強項。然而李君是我的摯友，摯友邀要約，豈能推搪。

和李君的緣分始於中學時代，大家同修理科，興趣相近，背景相若，學業成績也差不多，走在一起也是很順其自然的事，之後大家考進理工學院，雖然學系不同，但仍時有碰面，甚至足球場上組隊互拼。出來工作之後，也定時聚會，至今四十多年，從不間斷。至今天，他成為紡紗權威，我也成立了自己的工程公司，雖然各有各忙，但總會定時小聚，把酒言歡，談天說地，不亦樂乎。

李君涉獵風水學問，始於三十多年前，當時我對這門學問抱有懷疑，但見李君沉醉於此，孜孜不倦，自己也曾嘗試學習一下風水命理之道，並先後跟兩位不同的師傅學習掌相和風水。但接觸之後，發覺這門學問除了依仗後天努力的勤奮之外，先天的慧根也非常重要。對於一個耐性不足，沒有慧根的我，很快便放棄了。

我也許已經忘記了何什麼時候開始找李君幫忙我看風水，之前沒有找他，原因並非懷疑李君的能耐，只是以前總覺得這個世界上的福分是一個零和遊戲，就是你一旦憑藉透過風水增強你的運氣，那麼這些運氣為給你帶來的利益，便會間接剝削了世上另外一個人的福祉。但是，後來細想，如果好的風水佈局能保障令自身健康得到保障，家宅得到平安，對兒女讀書有所裨益，那麼這樣做 對這個世界只會有正面的影響，既然如此，何樂而不為呢？想通之後，便心安理得對於找李君看風水便處之泰然，日後 也成為我購買房地產、設計家居及佈置自家辦公室，也的必定請李君幫忙要之事。

除了自己之外 過去十多年來，身邊但凡有朋友需要風水顧問的話，定必推薦介紹李君赴約，凡數十次 每次的回饋也都是非常好評和正面的，所以我對李君的能耐，一直心悅誠服。直至數年之前，李君開始著書立說，本人亦曾拜讀，感覺李君已卓然成家。至今《玄空風水心得》已出版至第三冊卷，萬分期待 本人是次獲邀寫序，深感榮幸，期望李君日後繼續努力，把為玄空風水學問發揚光大。

莫振東謹識

二〇二一年十月

丘序

每個人的閱歷隨著日子一天一天在增加，而其靈性的發展亦順著時間每分每秒在增長。今天的你已是昨天自己的更新，而同時我們所追求的，就是自己是否在進步前行。

經過了多年來的歷練，作者李泗達希望盡一己天賦，把玄學知識以基礎入門的形式，帶給有興趣讀者，以此讓普羅大眾受惠。皆因服務的最高境界，正是人人可享、人人可用。

相比作者之前的兩本著作《玄空風水心得（一）》及《玄空風水心得（二）》，此書乃入門之書，顯淺易明，希望能讓更多讀者領略玄學風水初階知識。

感恩夫君李泗達把我寵愛了三十載。

感恩上天眷顧，把我安置在這位正患危疾的夫君身旁，以我之軀去服侍這位玄學大師，伴隨他康復。

更加感恩在此被受挑戰的日子，能看到這本書順利誕生，亦算是危難中照見奇蹟。

時月季節不斷變更，日月星辰持續交替。沒有什麼是永恆不變的。連自己的足跡也不能抱緊不放，唯獨把最好的自我價值呈現於世，讓最多的人得以受惠，才能給生命帶來美好的烙印。但願此書的誕生，能作為初階讀者的橋樑，有助各位將來進一步探究玄學寶庫。

丘華綺

二零二一年十二月

自序

筆者兩部拙作（《玄空風水心得（一）》及《玄空風水心得（二）》：沈氏玄空學研究心得》）出版後，迴響頗大，毀譽參半。承蒙同道謬讚，稱書中內容闡究沈氏玄空學之奧義，頗有創見，備受啟廸，得著甚多。然而，書中內容艱深難懂，也是被詬病之處。有鑑於此，筆者決定再次執筆，講解玄空風水學的基礎理論。雖說基礎理論，看似顯淺，然搜集資料不易，拿捏深淺亦難，撰寫費時之極，乃筆者始料不及。

地理歷來以巒頭和理氣為據，各玄學派別對巒頭的看法大同小異，對理氣卻莫衷一是，歧見頗多，於陽宅尤甚。即使同一宮位，不同派別推算出來的吉凶，竟截然不同！究竟孰吉孰凶，孰是孰非，實在讓初學者無所適從。筆者常言，玄空學首重時間和空間之配合，絕非一成不變之學理，據此，筆者斷言，只偏重空間或時間的理論，皆有違正統風水玄學之正道。

時移世易，居住環境、生活習俗、地方氣候隨和古時大不相同，加上各派傳承方法迥別，如此種種，致使風水學派百家齊鳴，各有千秋。然而，殊途同歸，即使各派演繹或推算方法互異，基本理論大致相同。因此，坊間（包括中、港、台三地）論述三元玄空學基本理論的書籍用詞雖異，理論相若，拙作自然不能免俗。可是，為了讓大眾對玄空學有更深刻和全面的理解，筆者「不落俗套」地於書末大膽述及玄空飛星學中比較深奧的理論，為初學者提供思考、研習、探源之徑，誘導其進入玄空學之堂奧，窮究玄空飛星之秘，有朝一日實踐所學，造福社會，把玄空學發揚光大。本書倘有紕漏之處，尚望各方同道不吝指正，以匡不逮。

後學

李泗達

己亥年仲夏

第一章　概論

第一節　五術

五術乃中國傳統文化，指山（仙）、醫、命、卜、相五類；命、卜、相三者皆屬術數類。

山：神仙方術，氣功

利用靈修、養生、靜坐、武學、食療、築基、玄典、符咒等方術修練肉體與精神。因大多在山中修業，故稱為「山」道，亦稱「仙道」。

醫：漢醫學、中醫學

「醫」分三大類：鍼灸、方劑、靈治。此三法乃保持健康、治療疾病之學問。

命：算命

運用人出生的年、月、日、時推算命運，趨吉避凶。論命之法有：紫微斗數、子平八字推命術、星平會海等。

卜：占星學

所謂「卜」，包括占卜、選吉、測局三個範疇，各有不同目的，有的旨在預測事情發展，有的用於判斷事情的處理方法。占卜的方法有二，分別是「周易占卜（文王卦）」和「六壬神課」。簡言之，「卜」是以事情發生的時間、地點和占卜的時間來推算事情的學問。

相：相術

「相」，包括印相（印章）、名相（姓名學）、人相（面相、手相）、宅相、墓相等，是一門透過觀察世上真實存在的物象來論定吉凶的學問。

宅相：宅相即陽宅，以居住或工作的地方來判斷吉凶禍福。

墓相：墓相即陰宅，以墓地來判斷其子孫後代之吉凶。

陽宅和陰宅二者結合，正是耳熟能詳的「堪輿學」，又名「風水學」。

第二節　風水與科學

風水，是一門集氣象、生物、物理、磁場、地理等多個範疇於一身的綜合自然科學。風水和「科學」沾上邊，是因為風水透過精密計算和仔細觀察，推算出居住環境和地理環境相合或不相合之處，再利用適當的佈局，增強相合的能量或彌補不足的地方，改善我們的居住環境。此外，在玄學角度，世上萬物皆有關聯，大自然各種物質的能量，皆和人體的磁場相互影響。我們身處不同環境，身體的磁場便會因應環境有所改變，這種改變會影響我們的身心健康——磁場與環境相合，我們會思維敏捷、健康長壽、身心愉快；反之，便會思慮不定、精神恍惚、體弱多病。風水之用，在於幫助大眾選擇能量相合的宜居之處，或利用佈局減少環境帶來的負面影響，從而達到催吉避凶之目的。

風水玄學講求人與自然環境的和諧，基於這種兼容萬象的精神，風水玄學在數千年來，把古今中外哲學、宗教及民俗等各方面的智慧融會貫通，兼收並蓄，與時並進，發展出一套綜合性的獨特理論。近年，東南亞、歐美等國皆掀起「風水熱」，愈來愈多外國人相信並運用風水改善居住環境。可見風水這門古老的學問，確實「老而彌堅」、歷久不衰。

以下是和風水學息息相關的自然現象，鑽研風水，必須對以下範疇多加涉獵，方能窺見風水學理之全局。

氣候

天氣對我們的健康有莫大影響。分析天氣，乃學習風水之基本步。自古至今，房宅都必須「選吉擇向」，正因為方向適合，才能享受氣候帶來的好處：依傍山脈或小山丘等天然屏障，可以阻擋冷冽寒風；靠近河流或溪流，可以緩解暑熱。還有風向，日照時間長短等，也是堪輿師選擇房宅時應考慮的因素。

磁場

地球四周被地球磁圈（magnetosphere）圍繞，它是一個由地核向太空延伸達數萬公里的磁場，整個地球也被這個磁層重重包圍著。此外，太陽、月球的磁場和地球磁場相互影響，故有潮汐、暴風雨等各種自然現象。

鳥類、蝙蝠和部分魚類依賴地球磁場導航，其實，人體也有磁場，故同樣受地球、太陽和月球的磁場影響。因此，部分風水學理（如八宅派東西四命系統）主張決定重大事項時，必須兼顧自身的吉向，此「吉向」正是人體磁場的計算。

X-光、紫外線、紅外線、無線電波和電力系統皆會釋放不同頻率和波長的電磁波。雖然目前未有醫學實據證明電磁波對人體有害，然而，在風水角度看，盡量遠離電塔等強大電磁能量，對我們百利而無一害。

地質學、地理學

所有自然景觀（如河流形狀，山岳高度走勢等）均會散發能量，因此「巒頭學派」認為，只要地形（即山形、河流走勢）和建築物（住宅、寺廟、墳墓等）

以先相配相合，建築物和周遭環境取得平衡，便能吸收健康之氣和正面的能量。以先人墳塋為例，若能和四周環境達致和諧，盡吸有利的能量，便能庇佑子孫。由此可見，地理上的優缺點是計算坐向不可或缺的因素，堪輿師更可根據地形為建築物「度身訂造」最合適的外型、材質和顏色。此外，土壤也屬風水範疇。風水師會觀察土壤是否肥沃、養份是否充足、排水務必良好、日照和濕度也要平衡，符合以上條件，才是理想的「風水地」。

生物學

生物學和風水看似風馬牛不相及，事實上，堪輿師必須透過觀察動植物的生態來尋覓吉地。因為動植物的生長情況，直接反映了該地的能量。若果一個地方草木茂密，一片翠綠，生機盎然，代表該地能量豐饒，氣場絕佳，符合「吉地」的標準。

第三節　風水派別

風水派別五花八門，近數十年更出現了形形色色的風水派系：水晶風水，八字，靈感、氣感風水等。風水是一門包含陰陽學、環境學、天文學、易學等不同範疇的學問，經過千多年的發展，因應不同地域，不同文化，衍生出不同派別的風水系統。芸芸學派中，以下列各派較受注目：

一：八卦派：以八卦和五行為基礎，學理顯淺易懂，為入門級風水學理。

二：五行派：以宅的福元配合八卦、五行之生剋論定吉凶，由於不難掌握，故亦屬入門級風水。

三：九宮飛泊：根據坐方元旦盤紫白星入中順飛、元旦盤及三元九運論斷吉凶，乃「玄空飛星」之入門派別。

四：奇門遁甲派：以特定方式排列八門和分佈於八卦九宮的星曜，從而論斷吉凶。

五：三合派：以廿四山配合山勢論生剋，以長生十二位配合來去水論吉凶。此法多用於陰宅，陽宅鮮用此法。

六：玄空大卦派：以八卦方位論當元失運推斷吉凶。

七：玄空易卦派：以六十四易卦配正零神、黃白二氣論斷吉凶。此派以《易》理合十合生演變為據，尤重方向。

八：玄空飛星派：以二十四山坐向配合元運挨排山、向星盤，配合室內外巒頭山水來論斷吉凶衰旺。由於能收立竿見影之效，此派近數十年備受關注。

九：玄空六法：以二元八運為時間基礎，所謂「六法」，即：玄空、雌雄、金龍、挨星、城門、太歲。此派以金龍零正先推算廣闊區域之吉凶，再以二十四山方位分析某卦宮之吉凶。

十：八宅派：以坐山配遊星論斷吉凶。主張「命宅相配」，即東四命配東四宅，西四命配西四宅等。此派十多年前在港台非常流行，唯準繩度稍遜。

十一：三元宅運：學理與八宅派類似，把宅坐和命數配卦成星數，以合五、合十、合生成、合十五為吉。

十二：紫微斗數風水：以宅之坐、向、門等排佈星盤論斷吉凶。此派乃算命學分支，非正統風水學理，故成效略遜一籌。

十三：八字風水學：以八字的五行喜忌配合方位五行，乃近期炙手可熱之學理。此派學理源自八字學，其他派別的師父多用此法輔助佈局。

十四：龍神翻卦：以八卦翻卦出九星卦再配合山水論斷吉凶。此法多用於陰宅，在台灣比較流行。

十五：過路陰陽：以「砂」和「水」配合「二十四山向」編成口訣來斷事，再以「二十四山向」干支的「值」與「沖」來確定流年吉凶。

上述各派，筆者也稍有涉獵，深入研究者，亦有五六種。每派均有其理論、特點和準繩度。但各派實踐其學理時，在某些情況下也有其不足之處。縱觀各派，玄空飛星可謂最為完備者，準繩度堪稱各派之首（平洋龍陽宅方面尤準），因此成為近二十年炙手可熱的風水學派。

第四節 巒頭，理氣，擇日

自古以來，人們建房造居，總得仰賴自然生態環境，於其中選擇適合自己的房屋結構，以求身心安泰、家庭和睦。

玄空從字義上解釋：「玄」即時間，「空」即空間及方位。天象運行，象徵時間變化；大地地滋養萬物，為萬物之所依，故代表空間。由此可見，地面空間和天象時間息息相關，密不可分。玄空學理的基本要義，是利用時間和空間的來論定吉凶。

簡言之，「時空」二字，乃玄空風水之訣竅。

風水的作用：

風水和時空有關，在一段時間內（天時）選出最好的空間（巒頭）來趨吉避凶，正是風水的作用。

玄空學特點：

以羅盤以判定理氣（定坐向和挨排洛書九星），結合自然環境的山（建築物）、水（馬路）佈局來判定衰旺，再配合環境中陰陽兩氣的變化及其生剋的規律趨吉避凶，此為理氣、巒頭兼察之道。後天八卦、河圖、洛書等理論基礎，則可以用於斷事剋應。三者息息相關，互相聯繫。

玄空星曜的衰旺，可用於推算在特定時間內某一空間能量的強弱。

根據玄空學理，陰宅必須從大局面看起，首先看四週山水外巒形勢吉凶，接著根據所處的元運，挨排不同坐向星盤去配合外巒山水，判斷最佳的坐向，最後選擇適當的下葬時間，此為時空關係運算。陽宅則更為複雜，除大局外巒，還要配合宅內的佈局（俗稱內巒），最後一選擇適當的入宅時間。蔣公云：「初時禍福天時驗，歲久方知地有權。」可知擇日之應驗較地／宅還要快。

風水之用，廣義來說，是配合天然山川，用以建都、開城、開村；狹義而言，是根據時間的變化，選擇合適的理境，用以建宅、立向。

第二章　基礎學理

第一節　陰陽

陰陽的概念，源自中國古代二元論的自然觀。古人觀察到，天地、日月、晝夜、暑寒、男女、上下等自然現象，皆存在既對立又關聯的微妙關係，從而歸納出「陰陽」的概念。「陰陽」一詞廣見於《周易》、《尚書》、《老子》、《禮記》、《淮南子》、《黃帝內經》、《太玄經》等秦漢典籍，足見陰陽之論，對中國傳統文化影響甚深，宗教、哲學、曆法、中醫、書法、建築、堪輿、占卜等各範疇，也離不開陰陽理論。

古人有「孤陰不生，獨陽不長」、「無陽則陰無以生，無陰則陽無以化」的觀念。《老子・四十二章》：「道生一，一生二，二生三，三生萬物。萬物負陰而抱陽，沖氣以為和。」陰、陽被視為對立的能量，實際上並非如此。世上萬事萬物皆互相制衡，同時又相互依存。若果把這種關係化成圖像，正是一個圓圈內黑白各佔一半，黑色的部分有個小白點，白色的部分則有個小黑點。看到這裡，相信大家也猜到是甚麼圖案了！沒錯，就是我們耳熟能詳的「太極」！「太極」象徵陰陽既對立又相依的關係。陰陽的特性如下：

一：兩者互相對立：世上萬物皆互相對立，如熱為陽，寒為陰；天為陽，地為陰。然而，這種對立並非絕對，而是相對的。如上為陽，下為陰，平地相對於山峰，山峰為陽，平地為陰；但平地若相對於地底，則平地屬陽、地底屬陰，可見陰陽是一個靈活的觀念，必須根據事物的特質加以判斷。

二：兩者相互依靠、轉化、消長、平衡：如上所述，陰陽靈活多變，根據不同事物和狀況相互依存或互相轉化。陰中有陽，陽中有陰，沒有一方可以單獨存在。

圖一：代表陰陽的太極圖

第二節　五行

古人認為，世上萬物皆由金、水、木、火、土五種元素組成，此五者又稱「五行」。天地萬物皆和五行相關，如身體健康、器官疾病、居住環境、六親關係、愛情事業等，皆五行運轉生成的結果。

五行相生相剋，其生尅制化，正是玄學術數的基礎。以下是五行相生相剋的規則：

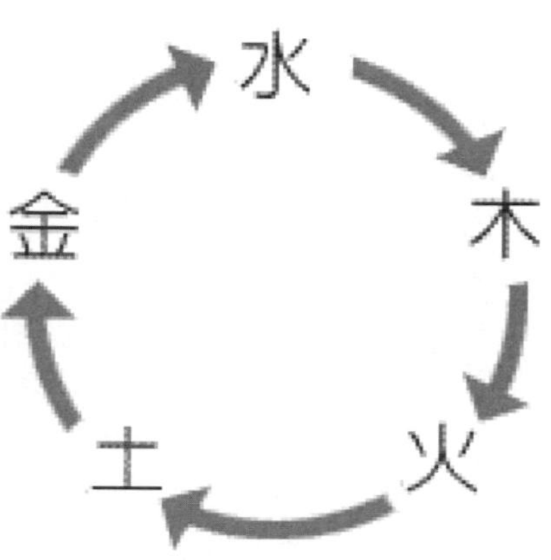

圖二：五行之相生

金生水：金屬遇到高溫，會熔解化為液態。
水生木：植物需要水的滋潤才能茁壯成長。
木生火：古人鑽木取火，有木材方能生火。
火生土：木被燃燒後化成灰燼，是而為土。
土生金：各類金屬礦產皆自土中挖掘而出。
因此，五行相生為：金生水、水生木、木生火、火生土、土生金。

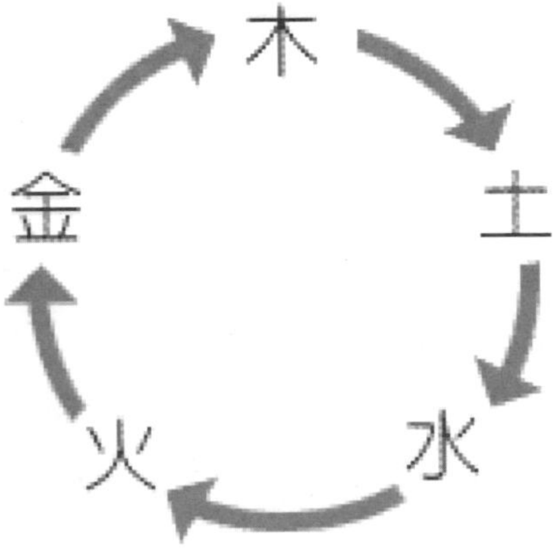

圖三：五行之相剋

金剋木：古今皆用刀、斧、鋸等砍伐木材；刀、斧、鋸皆為金屬製品。

木剋土：植物在土中生根，吸收大地養份茁壯成長。

土剋水：水灑在泥土上皆被土給吸收，頓時無影無蹤；土也用來築堤建壩，阻擋流水。

水剋火：水能熄滅烈火。

火剋金：高溫的火焰可以使金屬熔化，鑄鐵煉鋼皆用火。

因此，五行相剋為：金剋木、木剋土、土剋水、水剋火、火剋金。

諸位欲深究五行之說，請參閱古賢徐大升所著《五行生尅制化宜忌》②。

不同的風水學派運用五行之法各異。玄空風水以九星配合陰陽五行斷事，把陰陽五行的生尅制化發揮得淋漓盡致①。

①有關玄空風水「九星陰陽五行」之說，詳參《玄空風水心得（二）：沈氏玄空學研究心得 附 流年飛星佈局》。

②參袁樹珊《新命理探原》（心一堂版，頁一五二至一五三）

遞、易月必建寅。乙雖遞、易月必建卯。以氣而論、甲旺於乙。以質而論、乙堅於甲。而俗書謬以甲爲大林、盛而宜斲。以乙爲微苗、嫩而莫傷。可謂不知陰陽之理者矣。以木類推、餘者可知。惟土爲木火金水之衝氣、故寄王於四時、而陰陽氣質之理、亦同此論。欲學推命者、先須知幹枝之理、然後可以入門。

按甲爲大林、盛而宜斲。乙爲微苗、嫩而莫傷。乃是至論。未可謂爲俗書。

論五行生尅制化宜忌

徐大升曰、金賴土生、土多金埋。土賴火生、火多土焦。火賴木生、木多火熾。木賴水生、水多木漂。水賴金生、金多水氾。

金能生水、水多金沉。水能生木、木多水縮。木能生火、火多木焚。火能生土、土多火晦。土能生金、金多土弱。

金能尅木、木堅金缺。木能尅土、土重木折。土能尅水、水多土流。水能尅火、火炎水灼。火能尅金、金多火熄。

徐大升《五行生尅制化宜忌》(部份)，輯自袁樹珊《新命理探原》（心一堂版，頁一五二）

第三節　河圖、洛書

風水的源起，可上溯至河圖及洛書。據說，伏羲時代，黃河出現一匹背上有斑點的龍馬，古人把斑點的數目加以排列（見圖四），一六在下，二七在上，三八在左，四九在右，五十居中，就成了河圖的雛型。河圖有陰陽之分，以奇數（即一、三、七、九，圖一以白圈表示）為陽，以偶數（即二、四、六、八，圖一以黑點表示）為陰。（圖四）

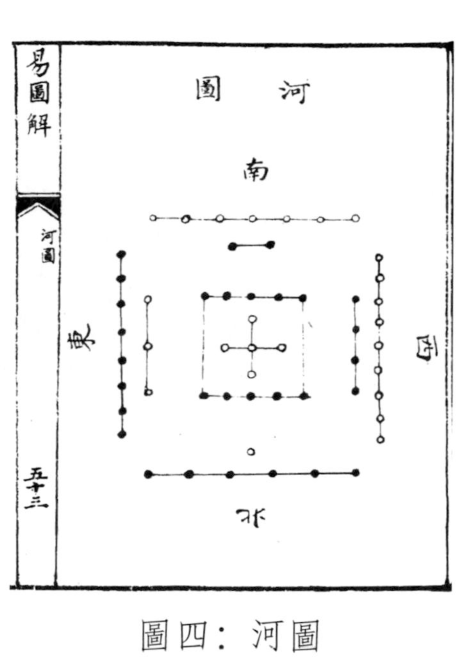

圖四：河圖

河圖口訣：

一六共宗，為水居北。
二七同道，為火居南。
三八為朋，為木居東。
四九作友，為金居西。
五十居中，為土居中。

根據河圖口訣，可知每個方位均由一陰數和一陽數所組成，稍加細察便會發現，各相對的方位，其五行亦相尅。例如：北方一六水尅南方二七火；西方四九金剋東方三八木。以中央為起點，順時針方向為五行相生之局：中央土生西方四九金，金生北方一六水，水生東方三八木，木生南方二七火，最後火生中央五十土。周而復始，循環相生（圖五）。先天八卦，正正以河圖為基礎。

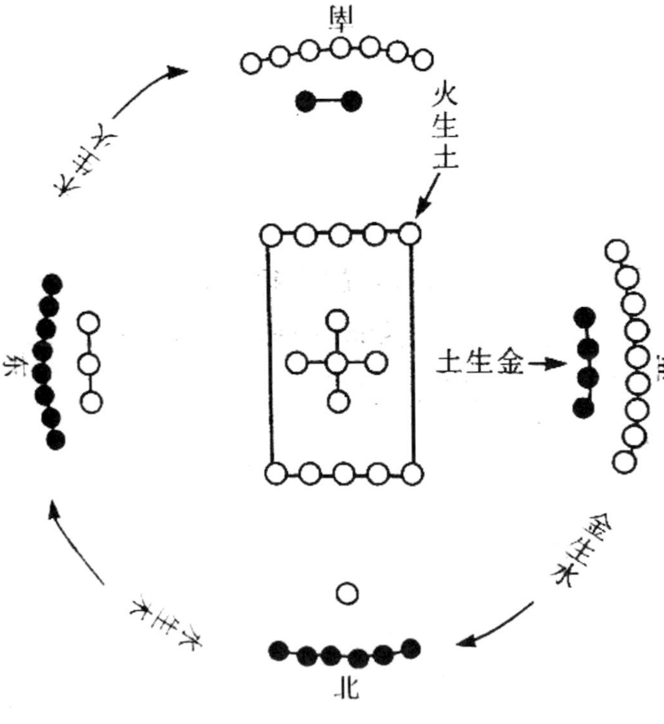

圖五：河圖五行相生圖

至於洛書，相傳大禹治水時代，洛水出現一隻神龜，背上有黑白斑點，大禹把龜背上斑點的數目畫成圖像（圖六），此乃洛書的由來。

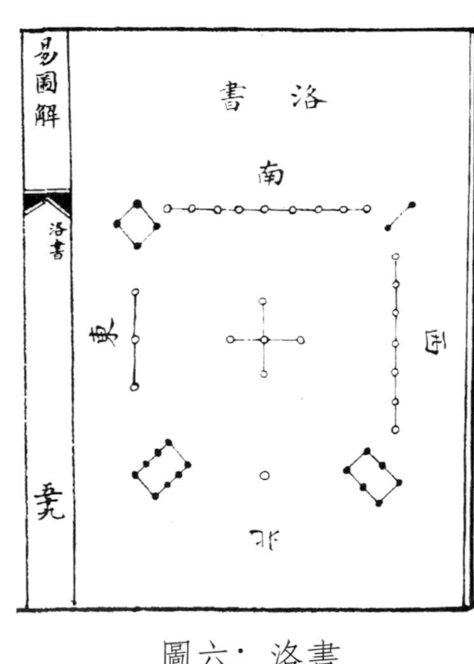

圖六：洛書

洛書口訣：

戴九履一
左三右七
二四為肩
六八為足

把黑白點數換成數字，便可得出洛書九宮圖（圖七），亦即玄空風水之基本圖式——元旦盤（又稱地盤）。

四	九	二
三	五	七
八	一	六

圖七：洛書九宮（元旦盤）

洛書同樣分陰陽，亦以奇數（即一、三、七、九，圖六以白圈表示）為陽，偶數（即二、四、六、八，圖六以黑點表示）為陰。

洛書數之方位五行如下：

一白屬水在北方，

二黑屬土在西南方，

三碧屬木在東方，
四綠屬木在東南方，
五黃屬土居中，
六白屬金在西北方，
七赤屬金在西方，
八白屬土在東北方，
九紫屬火在南方。

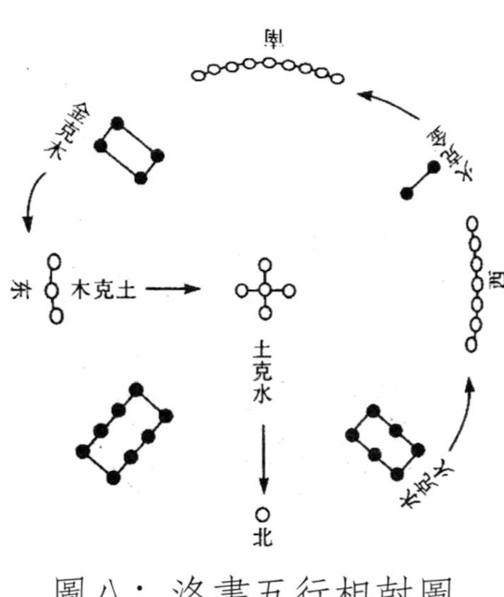

圖八：洛書五行相尅圖

根據圖六，可知相對的方位（如南、北）相加等於十；縱向、橫向、左右、左斜、右斜相加皆為十五，此乃西方的「魔術方塊數」。假若把洛書配合河圖五行之數，以中宮為起點，向逆時針方向轉動，乃五行相尅之局。中央土尅一六水，水剋二七火，火剋四九金，金剋三八木，木剋中央土（圖八）。

河圖為先天，洛書為後天，先天為本，後天為用，河洛原理現廣為各派風水學派使用。

第四節　八卦

八卦學理是研習各派風水的基礎。不論是簡單的八卦派風水，還是深奧的玄空飛星和玄空大卦風水，皆以八卦學理為據。

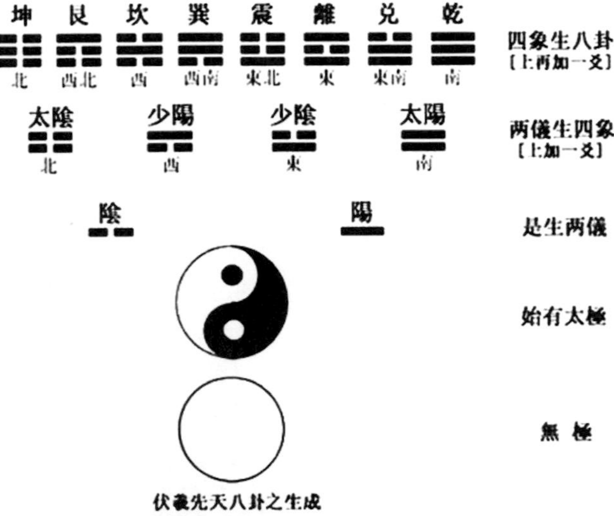

圖九：太極衍化圖

宇宙之形成，由無極開始而成太極；太極衍化成天、地兩儀，象徵一陰一陽。四象者，金、木、水、火也，或指日、月、星、辰。八卦即乾、兌、離、震、巽、坎、艮、坤。乾為天，坤為地，兌為澤，艮為山，離為火，坎為水，震為雷，巽為風。以上八物，皆為孕育宇宙萬物之基本元素。古賢先哲把八卦和動物、植物、人物等形象掛鉤，據之演繹世事萬物。

所謂「風水」，是指根據地理環境，配合一系列公式演化，再根據八卦所代表的卦象來推斷事情。要學習風水，必須先認識八卦，此乃最基本亦是最重要的一環。

八卦分兩種，分別是先天八卦和後天八卦。先天八卦以河圖為本，後天八卦則以洛書為據。先天八卦以卦理為主，是八卦的本體；後天八卦實用為尚，代表方位。

先天八卦的卦序是：一乾、二兌、三離、四震、五巽、六坎、七艮、八坤。後天八卦的卦序是：一坎、二坤、三震、四巽、五中、六乾、七兌、八艮、九離

八卦的應用

八卦包含無窮哲理，非三言兩語所能解釋。風水學理經常以八卦代表方位，後天八卦又比先天八卦常用（參看圖十及圖十一）：

下為八個方位和八卦的關係：

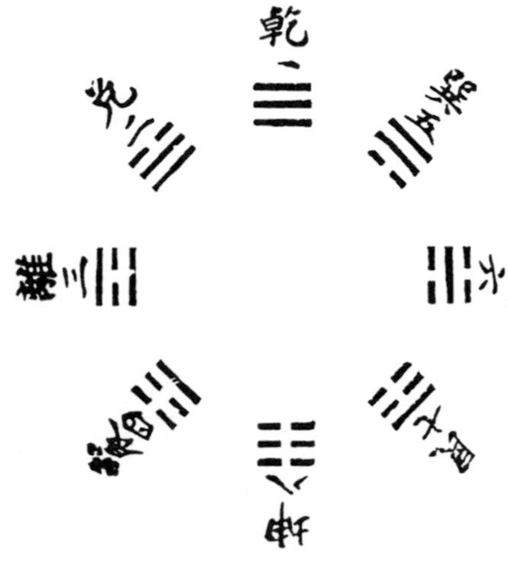

圖十：先天八卦圖 錄自沈公竹礽《周易示兒錄》（心一堂出版）

圖十一：後天八卦圖 錄自沈公竹礽《周易示兒錄》(心一堂出版)

東方——震卦
東南——巽卦
南方——離卦
西南——坤卦
西方——兌卦
西北——乾卦
北方——坎卦
東北——艮卦

除方位外，八卦也代表許多事物，如各種人物：

乾卦——父親或四十六歲以上的男性。
坤卦——母親或四十六歲以上的女性。
震卦——長子或卅一歲至四十五歲的男子。

巽卦——長女或卅一歲至四十五歲的女子。
坎卦——次子或十六歲至三十歲的男子。
離卦——次女或十六歲至三十歲的女子。
艮卦——第三子或一歲至十五歲的男孩。
兌卦——第三女或一歲至十五歲的女孩。

根據八卦所代表的人物和方向，便可推斷家居和商舖的風水，舉例來說：住宅有外巒巽位沖射，查卦位為東南方。東南巽卦代表長女，故宅內長女或卅一歲至四十五歲的女士便首當其「衝」。換句話說，宅外的形煞對巽卦代表的人物影響最大，若宅內無此年歲的女性，才會影響宅內其他女性。

第五節　天干地支

天干地支是風水學的基礎。羅更以天干地支表示二十四山的方位，不論研習哪一派風水，也必須運用天干地支來判定坐向。

古人以天干地支紀錄年、月、日，十天干分別是甲、乙、丙、丁、戊、己、庚、辛、壬、癸。

天干還代表方位、季節及五行：

甲、乙屬木，在東方，主春天。

丙、丁屬火，在南方，主夏天。

戊、己屬土，在中央，主四季月（三月、六月、九月、十二月）。

庚、辛屬金，在西方，主秋天。

壬、癸屬水，在北方，主冬天。

地支，分別是子、丑、寅、卯、辰、巳、午、未、申、酉、戌、亥。

十二地支代表方位、季節及五行：

寅、卯屬木，主春天。卯在東方，寅在東北方。

巳、午屬火，主夏天。午在南方，巳在東南方。

辰、未、戌、丑屬土，主四季月（三月、六月、九月、十二月），皆位居中央。

申、酉屬金，主秋天。酉在西，申在西南。

亥、子屬水，主冬天。子在北，亥在西北。

在術數範疇，地支代則表不同的月份：

寅——正月

卯——二月

辰——三月

巳——四月
午——五月
未——六月
申——七月
酉——八月
戌——九月
亥——十月
子——十一月
丑——十二月

十天干和十二地支除了各有五行屬性外，還有陰陽之別。

天干甲為陽木，乙為陰木，丙為陽火，丁為陰火，戊為陽土，己為陰土，庚為陽金，辛為陰金，壬為陽水，癸為陰水。

地支寅為陽木，卯為陰木，巳為陽火，午為陰火，申為陽金，酉為陰金，亥為陽水，子為陰水，辰、戌為陽土，丑、未為陰土。

說明天干、地支、方位、月份、四季的關係：

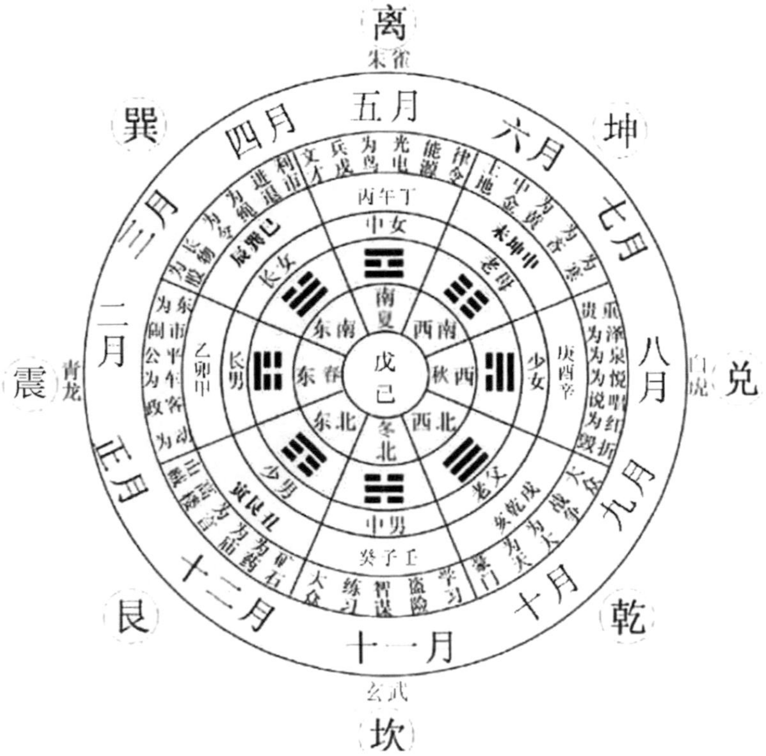

圖十二：天干、地支、方位、月份、四季

天干有相合、相沖；地支有相合、相沖、三合、三會。三合風水多用天干理論，玄空風水僅用天干地支來判定二十四山（方位）的坐向是否相沖，現羅列相關資料以供參考：

天干相合：甲己合、乙庚合、丙辛合、丁壬合、戊癸合。
天干相沖：甲庚沖、乙辛沖、丙壬沖、丁癸沖。
地支相合：子丑合、寅亥合、卯戌合、辰酉合、巳申合、午未合。
地支相沖：子午沖、丑未沖、寅申沖、卯酉沖、辰戌沖、巳亥沖。
地支三合：申子辰三合、巳酉丑三合、寅午戌三合、亥卯未三合。
地支三會：寅卯辰三會、巳午未三會、申酉戌三會、亥子丑三會。

第三章 內外巒頭

第一節 附近環境之影響

山

樓宇坐後有山，名為「靠山」，主得父母之照顧庇蔭，有貴人幫助或上司支持。前方有近而矮的山，名為「案山」，主財帛；遠而高的山稱為「朝山」，主得四方貴人幫助。若左方有山，稱為「青龍砂」；右方有山，稱為「白虎砂」，得青龍白虎砂護持，可得下屬助力。

觀山，也有層次之分。首先，要看山的外觀。山形秀麗，樹木茂盛者，稱為「明山」；怪石嶙峋、樹木萎枯者，是為「窮山」。一般而言，大廈旁有明山，主吉；反之，旁有窮山則應凶。

其次，要看山的五行，即金、水、木、火、土五行的形狀：

火形：呈三角形，山峯尖

土形：呈四方形，山頂平坦

金形：呈半圓形的山

水形：呈波浪形，由三個或以上金形山組成

木形：呈長方形，山形高瘦

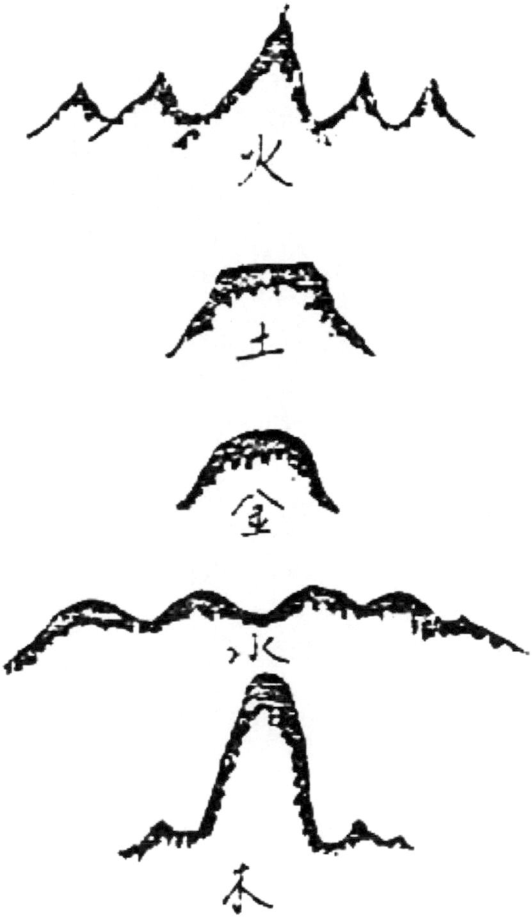

圖一：山的五行

由於山形多變，也有學派主張以九星區分山形，諸位欲深究巒頭之論，可參閱以下典籍：《地理啖蔗錄》、《雪心賦》、《撼龍經》、《疑龍經》①等。

五行山形的吉凶：

建築物附近有金形山：有利公務員或武職人員（如警察）；

附近有木形山：多出文人或有聲望名譽的人

附近有水形山：多出聰慧之人

附近有火形山：多出殘疾之人，易招血光之災

附近有土形山：多出大富之人

若能分析靠山的五行，所得之尅應更見細致，如靠山屬：

金形山（半圓形）：利升職加薪

水形山（波浪形）：主聰明

①心一堂按：巒頭古籍中，如《安溪地話（風水正源二集）》中多引這四種巒頭經典。撼龍經又可參考近人吳師青（玄空廣東派）《撼龍經真義》。《巒頭指迷》中亦有撼龍經、疑龍經註。以上俱輯入心一堂術數古籍珍本叢刊・堪輿類。

逆

星逆

砂逆又次之。龍逆者，非来龍逆水而上，乃大勢回顧，大曲大轉是也。星逆者，來勢雄勇，不能遽回腰，落一峯横来逆水也。脉逆者，龍星俱順，脉與乘勢相逆，如直来横受，横来直受是也。砂逆者，如左来右轉，右来左轉是也。若四者俱順，則陰陽不交，断不能成地。

雪心賦：山直直，水直流，無足觀矣。山大轉，水大灣，可此求之。山不亂灣，灣則氣全；水不乱轉，轉則氣

形家巒頭名著：《安溪地話（風水正源二集）》（輯入心一堂術數古籍珍本叢刊·堪輿類）

撼龍經眞義

後唐楊筠松撰　　吳師青註

總論

須彌山是天地骨、中鎭天地成巨物。如人背脊與項梁、生出四肢龍突兀。四肢分作四世界、南北東西爲四派。西北崆峒數萬程、東入三韓隔杳冥。惟有南龍入中國、胎宗孕祖來奇特。黃河九曲爲大腸、川江屈曲爲膀胱。分枝劈脈縱橫去、氣血勾連逢水住。大爲都邑帝王州、小爲郡縣君公侯。其次偏方小鎭市、亦有富貴居其地。

【師青曰】：總論者、本經之發凡也。論山脈河流、必先提綱挈領、上溯須彌山也。須彌山見佛經、亦作修迷樓、其義爲妙高、亦曰雪山、卽今之喜馬拉雅山也。須修之與喜

吳師青（玄空廣東派）《撼龍經真義》（輯入心一堂術數古籍珍本叢刊·堪輿類）

三元家形勢巒頭名著：《巒頭指迷》（輯入心一堂術數古籍珍本叢刊·堪輿類）

土形山（山形略方、山頂平）：主得財帛

火形山（三角形、山頂尖）：招血光之災，脾氣暴躁

木形山（山形直高）：利聲名

水

水和山一樣，也有層次之分。最基本要分水的清濁，即「明水」和「惡水」。水質清澄者為「明水」，反之，水質污濁惡臭者乃「惡水」。其次，要判別水是否有「情」。被水環抱者，為有「情」，主旺財；反之，反弓或直去之水為「無情」，主破財。水的形態也有五行：

金形水：圓形或半圓形

水形水：曲折多彎

木形水：長形或橫走的水路

火形水：呈尖角或多角形

土形水：呈四方形

就「有情水」論，金形水、水形水、土形水皆利財；木形水主財來財去，火形水則主破財。請注意，若遇上「無情水」，不論五行，也以退財論，配以火形水更主血光之災。鬧市內之住宅鮮見水，故部分玄空師會把街道視為「虛水」，

金星水城

火星水城

木星水城

土星水城

水星水城

圖二：水的五行

力量雖較真水遜色，然而亦有一定影響力。

現代陽居的巒頭，除了觀其鄰近之「真山真水」外，也要顧及周邊的道路及建築：

屋外見怪石嶙峋的山坡，宅內人容易被搶劫，爆竊，或做出違法之事；健康方面，皮膚腸胃易出問題。

宅前看到形狀奇特的藝術品，工作不順，常遇阻撓，易有損傷。

宅前見「反弓水」或道路，主退財。不同形狀的「反弓水」，除了退財外，還有其他尅應——金形反弓易招官非；水形反弓主勞碌奔波；木形反弓易招小人；火形反弓主血光之災；土形反弓則財帛難聚。

住宅外見向下斜之天橋，錢財難聚。

住宅太接近河道或海，皆犯割腳水，發不長久，運氣反覆，錢財難聚。

路沖，越低層越凶，主因財失義、失竊，亦主百病叢生。

宅前見長而直，並向下的樓梯，宅運差，財帛難聚。

宅前見三角形分岔馬路，主是非、官非、爭鬥。
反光幕牆大廈是為光煞，主破財，嚴重可致血光。
住宅面對警署，健康欠佳，多是非爭執。
住宅接近消防局，健康欠佳，易有血光之災。
住宅接近教堂或寺廟，主孤獨、家人脾氣較暴躁或常被欺負。
住宅接近戲院，因人流聚散無常，主運氣反覆。
住宅接近街市，宅運不佳。
住宅被附近大廈的牆角沖射，宅內人多有傷病，工作運欠佳。
住宅下方為地鐵路軌，易有健康問題、多爭執。
住宅面對煙囱，宅內人多病，宅運反覆。
住宅被電燈柱沖射，健康欠佳，脾氣暴躁，嚴重可致血光。
住宅接近高壓電塔，健康每況愈下，工作容易出错。
住宅附近建築地盤見天秤吊臂沖射，主意外血光。
住宅被附近招牌沖射，容易遺失物件、遭賊劫或失竊。

住宅太接近天橋，容易傷疾，嚴重可致血光之災。

住宅前方宜有明堂，容易聚財。明堂指開曠之地，如公園、停車場、嬉戲空地等。

住宅前方太狹窄，或被建築物遮擋，宅運不暢，財運不佳。

第二節　屋形之影響

風水學要求房屋四平八穩，故呈四方形或長方形「方形屋」，是最吉利的宅形。無缺角或突角的房屋，均入此格。現在地價昂貴，樓宇既要「地」盡其用，又要顧及採光和景觀，三角形、鑽石形、圓形、梯形，多角形，不規則形等住宅應運而生。這類宅形，大多宅運不穩，即使巒頭或理氣配合，也只能得運一時，不能耐久。

根據房屋的形狀，可分為金、水、木、火、土五種基本格局。不規則的房屋多兼有兩種或以上的五行格局。

金形屋：房屋呈圓形或半圓形

水形屋：房屋呈波浪形

木形屋：房屋狹長或高直

火形屋：房屋呈角形或其頂部成尖角形

土形屋：房屋平正及方形

宅形深而長、呈長方形者為佳，能聚氣（過深過長者例外）；反之，闊而短的住宅，氣入即散。住宅最忌東歪西斜、南北相異、四方有缺或標奇立異，此類宅形對宅內人百害無一利。

正門前後左右相通：宅運不穩，經商者生意時好時壞。

井字形樓宇：內部採光不足，陰盛陽衰，易生凶事。

樓宇又高又幼（木形樓）：孤獨，欠助力，人際關係差。

樓宇呈三角形：宅運反覆，易有血光之災。

第三節　室內格局之影響

門

大門窗：主退財，可常下窗簾或在窗前種植物化解。

品字門：主犯口舌是非，可在其中一扇門掛上珠簾化解。

大門房門：容易招是非和招人妒忌，宜在房門掛上珠簾化解。

拱形大門：宅內人脾氣暴躁，六親緣薄，避用為佳。

大門不宜有洞（防盜眼除外）：宅門有洞雖方便派信，但宅內人容易患呼吸系統毛病，避用為佳。

前門和後門不可相對直沖。

大門不可歪斜或高低不平：宅內主人不和、時常犯錯。

大門上不宜有橫樑：宅運差。

大門面對向下之樓梯或斜路：主退財，宜安裝門腳減輕影響。

大門面對高地或由上沖落之樓梯：宅內人容易受傷或招血光之災，宜在門內置屏風化解。

大門忌被牆角沖射：宅內人易有血光之災。

大門忌對升降機：影響財運、招是非。

大門口面對別人的大門：不符合風水原則，必有一家運氣欠佳。

玄關

指甫入大門的第一個小空間（約三至四呎），常見於面積較大的住宅。

玄關不宜過窄：宅內人發展有限、多阻滯。

玄關不宜太暗：易招陰靈、宅內人心情欠佳，可置長明燈增加陽氣。

玄關內不宜有鏡：工作易有壓力。

若玄關內加裝一扇門，此門不可與宅內其他門相沖，否則宅內人工作不順，容易與人交惡。

玄關內雜物太多：影響健康。

玄關頂部不可有橫樑：工作不順、體弱多病。

廚房爐灶

廚房和浴室門忌相沖：宅內人運氣反覆、容易患上皮膚病。

爐灶不宜與洗滌盆對沖：招桃花劫。

爐灶旁不宜為洗滌盆：易得腸胃病。

爐灶後方不宜緊貼坐廁或蹲廁：易得腸胃之疾。

爐灶忌被牆角沖射：多病（尤應主母）。

爐灶忌被水龍頭沖射，主易患腸胃之疾。

廚房不宜在屋的中央，否則影響健康。

爐灶要有靠：主有貴人和助力。

爐灶忌紅色：火太烈，脾氣暴躁；黑色亦不宜，易有情緒病。

爐灶上方不宜有橫樑，會影響健康。

廚房以兩灶為佳，多於兩灶易多口舌是非。

爐灶忌沖神位或背靠神位：脾氣暴躁。

爐灶不可沖臥室門：易造惡夢。

爐灶忌沖大門：財運反覆、健康欠佳。
爐灶忌路沖（即灶和主走廊相沖，或爐灶後方有路沖），皆影響健康。

浴室、廁所

浴室門忌沖大門：主退財。
浴室不宜在屋的中央：容易患上排泄系統疾病。
坐廁不宜沖門：下體易染疾。
坐廁忌沖睡床：睡不安寧。
坐廁忌沖書桌：頭腦遲鈍，成績退步。
浴室不宜用透明玻璃：不利婚姻。
室地台忌高於客飯廳：做事多阻力。

客廳

客廳面積宜比臥室大，否則做事欠主見。

客廳應該是進門後的第一個大空間，客廳在宅的後方，主退財。
客廳宜有大窗保持光亮，客廳過暗，感情冷漠，容易悲觀。
客廳樓底不宜太矮，易與人發生爭執。
客廳不宜擺放帶刺或棘的植物，易招惹小人；宜擺放大葉植物。
梳化忌放橫樑下，否則事事不順，對運氣和財運皆有負面影響。

飯廳

飯廳忌沖浴室：易有腸胃問題。
飯桌上方忌有橫樑：易患腸胃病。
飯桌忌有銳角（角沖）：影響健康。
飯桌忌有破損：家人感情疏離。

書房

原則為廚房或浴室，不宜改作書房。因為書房的上、下層皆是廚房，頭部易有毛病；若書房的上、下層皆是浴室，頭腦則愈來愈遲鈍。

書房門忌對廚房門：主愚笨。

書房門忌對浴室門：學習誤入歧途。

書桌上不宜有橫樑：頭腦遲鈍，容易生病。

坐椅忌背對書房門：容易生病。

神位

原則為廚房或浴室，不宜改作佛壇。佛壇的上、下層皆是廚房，使人脾氣暴躁；佛壇的上、下層皆是浴室，則排泄系統易有毛病。

神位忌向廚房門：宅內人脾氣暴躁。

神位忌向浴室門：易有排泄系統毛病。

神位忌向臥室門：房內人多病痛，房內孩童不安易哭。

神位前方忌有鏡子：宅內人運氣反覆。

神位上方忌放魚缸：主多病，亦主退財。

神位下方忌放魚缸：宅內人多病、主退財。
神位下方不宜放電器（電視、音響等），否則宅運衰退。
神位上方忌有橫樑：家人易患頭疾，精神緊張。
神位下方不宜有通道：影響家人運程。
神位後方不可緊貼灶頭：主多病。
神位後方不可緊貼坐廁：宅運衰退、宅內人思想悲觀。
神位忌向垃圾桶：家運日漸衰退。
神像正上方不可有燈：影響運氣。
神樓宜有三格，上層供奉天神，中層供奉祖先，下層供奉地主。
若天神與祖先並排供奉，則天神在左，祖先居右，兩者之間宜作分隔。
神像以單數（陽數）為宜，如一尊、三尊、五尊等。

臥室

臥室不宜過大（忌比廳大），否則影響健康。

臥室忌放利器：易招血光之災。

臥室忌放古董：易招陰靈。

臥室內不宜養魚：精神不振，難以入睡。

臥室宜方正：家人和諧。

臥室不宜擺放神像。

睡床

床頭宜靠牆：床頭無靠，工作欠貴人和助力。

睡床不宜在橫樑下：影響健康。

床頭後方忌為坐廁：影響健康。

床頭後方忌為浴缸：影響健康。

床頭後方忌為爐灶：容易脾氣暴躁。

天花燈忌壓睡床：被燈所壓之處易生病。

床前床後皆不宜安裝鏡子：影響運氣。

床前床後皆不宜懸掛時鐘。

睡床忌被衣櫃角沖：被角沖的部位易有不適。

床頭不宜擺放電器：影響健康。

睡床下方忌放金屬利器：易有血光之災。

第四章　玄空下卦飛星盤

第一節　起下卦飛星盤

要掌握玄空飛星盤，先要了解甚麼是「三元九運」。

三元：上元、中元、下元。每元相當於一個花甲（六十年）上元由甲子排到癸亥；中元是另一個花甲；下元又屬於另一個花甲。九運：由一運到九運，每運二十年（俗稱小運），故九運共一百八十年（統稱為正元）。

三元九運的關係：

上元掌管一、二、三運；中元掌管四、五、六運；下元掌管七、八、九運。

下表為近一百八十年之三元九運：

三元	元運	三元九運年份
上元	一運	公元 1864 年至 1883 年
上元	二運	公元 1884 年至 1903 年
上元	三運	公元 1904 年至 1923 年
中元	四運	公元 1924 年至 1943 年
中元	五運	公元 1944 年至 1963 年
中元	六運	公元 1964 年至 1983 年
下元	七運	公元 1984 年至 2003 年
下元	八運	公元 2004 年至 2023 年
下元	九運	公元 2024 年至 2043 年

表一：最近一百八十年之三元九運

從上表可知，一九八四（甲子）——二〇〇三（癸未）屬小運中的下元七運；二〇〇四（甲申）——二〇二三（癸卯）屬小運中的下元八運；二〇二四（甲辰）——二〇四三（癸亥）屬小運中的下元九運。三元九運循環不息地流轉，故二〇四四（甲子）——二〇六三（癸未）屬於一運，如此類推。

飛星共九顆星曜，亦即「洛書」星曜，其原始排佈如下（又稱元旦盤）（見圖一）：

一白貪狼星，居坎北方
二黑巨門星，居坤西南方
三碧綠存星，居震東方
四綠文曲星，居巽東南方
五黃廉貞星，居中宮
六白武曲星，居乾西北方
七赤破軍星，居兌西方
八白左輔星，居艮東北方
九紫右弼星，居離南方

四	九	二
三	五	七
八	一	六

圖一：元旦盤

九星排佈，各有其軌跡，稱為「量天尺」或「洛書軌跡」。排佈由中宮開始：中宮→乾（西北）→兌（西）→艮（東北）→離（南）→坎（北）→坤（西南）→震（東）→巽（東南）

玄空飛星共有九顆星曜，每顆星曜皆可入中宮排佈。星曜入中宮有順飛和逆飛兩種情況。

順飛：每顆星數按正常軌跡順加，例如一入中宮，二到右下乾宮（西北宮），三到右中兌宮（西方）。

逆飛：每顆星數按正常軌跡倒數，例如一入中宮，九到右下乾宮（西北），八到右中兌（西）宮。下為九星順飛及逆飛圖。

順飛圖

九	五	七
八	一	三
四	六	二

一	六	八
九	二	四
五	七	三

二	七	九
一	三	五
六	八	四

三	八	一
二	四	六
七	九	五

四	九	二
三	五	七
八	一	六

五	一	三
四	六	八
九	二	七

六	二	四
五	七	九
一	三	八

七	三	五
六	八	一
二	四	九

八	四	六
七	九	二
三	五	一

圖二：九星入中順飛圖

逆飛圖

二	六	四
三	一	八
七	五	九

三	七	五
四	二	九
八	六	一

四	八	六
五	三	一
九	七	二

五	九	七
六	四	二
七	八	三

六	一	八
七	五	三
二	九	四

七	二	九
八	六	四
三	一	五

八	三	一
九	七	五
四	二	六

九	四	二
一	八	六
五	三	七

一	五	三
二	九	七
六	四	八

圖三：九星入中逆飛圖

排佈玄空飛星盤，必須理解「三元龍」。

三元龍

玄空飛星的羅盤為「三元盤」，「三元盤」的二十四山陰陽，正正以「三元龍」為據。三元龍把二十四山分為兩部份：

（一）地元龍、天元龍、人元龍

（二）陰卦、陽卦。

二十四山分類如下：

陰卦地元龍：辰、戌、丑、未

陽卦地元龍：甲、庚、壬、丙

陰卦天元龍：子、午、卯、酉

陽卦天元龍：乾、巽、艮、坤

陰卦人元龍：乙、辛、丁、癸

陽卦人元龍：寅、申、巳、亥

二十四山三元龍陰陽圖（圖四）：

圖四：二十四山三元龍陰陽圖

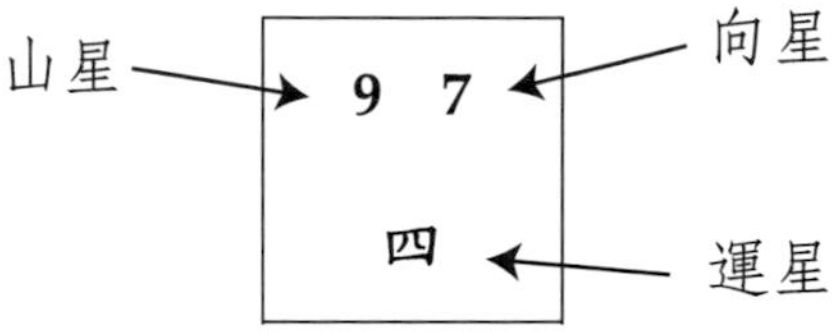

山星 → 9　7 ← 向星

四 ← 運星

圖五：運星山星向星

挨星下卦（或稱正卦）盤分運盤、山盤及向盤。運盤的挨排只有順飛，沒有逆飛。山盤及向盤則有順飛及逆飛，順飛或逆飛依據各運二十四山三元龍的陰陽來判別。九宮飛星盤內每個宮位有三顆星曜（圖五），分別位於下正方、右上方和左上方。下正方為「運星」（又稱運盤），右上方為「向星」，左上方則為「山星」。

運星一般根據樓宇建成之元運來判定，倘若樓宇屬七運樓，當以「七」星布入中宮下方，再按「量天尺」飛星軌跡順飛（圖六）

八	三	一
九	七	五
四	二	六

圖六：七運運盤

排畢「運盤」，即可根據以下次序挨排「向盤」：

首先，以向首運盤一星排入中宮位的右上方，然後找出「向首運盤」之坐向，繼而判別三元的陰陽——陰者逆飛，陽者順飛。

現舉一例：八運坐子向午

先排運盤，八運以八入中，據「量天尺」飛星軌跡順飛（圖七）

九	四	二
一	八	六
五	三	七

圖七：八運運盤

知道坐向，以向首及坐方運星入中飛佈，向首運星是「三」，即以「三」星佈入中宮的右上方。坐子向午屬於「天元龍」，根據《洛書》，三是震卦，震卦於東方有甲卯乙三卦山，查卯為「天元龍」，屬陰，故「三」星必須按照「量天尺」飛星軌跡逆飛佈。（圖八）

到挨排「山盤」，原理和挨排「向盤」相同。以「坐方運盤」一星排入中宮，擺放在左上方。然後判別「坐方運盤」三元龍的陰陽，陰者逆飛，陽者順飛。現八運坐子向午，坐方運星是「四」，即以四星佈入中宮左上方。坐子向午屬「天元龍」，《洛書》「四」乃巽卦，巽卦於東南方有辰巽巳三山，查巽為「天元龍」，屬陽，故「四」星須按「量天尺」飛星軌跡順飛。（圖九）

四	八	六
五	三	一
九	七	二

圖八：山星三入中逆飛

三	八	一
二	四	六
七	九	五

圖九：向星四入中順飛

八運坐子向午下卦飛星盤如下：（圖十）

3 4 七	8 8 三	1 6 五
2 5 六	4 3 八	6 1 一
7 9 二	9 7 四	5 2 九

圖十：八運坐子向午下卦飛星盤

遇「五」的問題

據上述方法，足以應付挨星下卦盤，然而，遇上運盤「五」星，該如何處理？

「五」是中宮的替星，可利用中宮的運星來計算其陰陽。現舉例說明「五」星之排盤方法。

八運坐丑向未：

先排運盤，八運以「八」入中，按照「量天尺」飛星軌跡順飛（圖十一）

3 4 七	8 8 三	1 6 五
2 5 六	4 3 八	6 1 一
7 9 二	9 7 四	5 2 九

圖十一：八運運盤

八運坐丑向未，屬「地元龍」，向首運星是「五」，運盤五星在八運時乃八白的替星，根據《洛書》，「八」位於元旦盤東北方丑艮寅方，「未」向為「地元龍」，八運「五」星的地元卦是「丑」，屬陰，故以「五」入中逆飛。（圖十二）

六	一	八
七	五	三
二	九	四

圖十二：向星五入中逆飛

坐方運星是「二」，即以二星佈入中宮。坐丑為「地元龍」，八運「二」星的地元卦是「未」，屬陰，故以「二」入中逆飛。（圖十三）

三	七	五
四	二	九
八	六	一

圖十三：山星二入中逆飛

八運坐丑向未下卦飛星盤：（圖十四）

3 6 七	7 1 三	5 8 五
4 7 六	2 5 八	9 3 一
8 2 二	6 9 四	1 4 九

圖十四：八運坐丑向未下卦飛星盤

下章列出九運二十四山飛星圖供讀者查閱。

第二節 下卦九運二十四山飛星盤

1 4 6	6 8 2	8 6 4
9 5 5	2 3 7	4 1 9
5 9 1	7 7 3	3 2 8

7 1 3	3 5 8	5 3 1
6 2 2	8 9 4	1 7 6
2 6 7	4 4 9	9 8 5

6 5 9	1 1 5	8 3 7
7 4 8	5 6 1	3 8 3
2 9 4	9 2 6	4 7 2

4 3 7	8 8 3	6 1 5
5 2 6	3 4 8	1 6 1
9 7 2	7 9 4	2 5 9

1 2 4	5 6 9	3 4 2
2 3 3	9 1 5	7 8 7
6 7 8	4 5 1	8 9 6

5 8 1	1 3 6	3 1 8
4 9 9	6 7 2	8 5 4
9 4 5	2 2 7	7 6 3

3 6 8	8 1 4	1 8 6
2 7 7	4 5 9	6 3 2
7 2 3	9 9 5	5 4 1

2 1 5	6 6 1	4 8 3
3 9 4	1 2 6	8 4 8
7 5 9	5 7 2	9 3 7

8 7 2	3 3 7	1 5 9
9 6 1	7 8 3	5 1 5
4 2 6	2 4 8	6 9 4

正向星盤二百一十六局（一）
天元卦：午山子向（356.6^0 - 3.4^0）

1　4 6	6　8 2	8　6 4
9　5 5	2　3 7	4　1 9
5　9 1	7　7 3	3　2 8

7　1 3	3　5 8	5　3 1
6　2 2	8　9 4	1　7 6
2　6 7	4　4 9	9　8 5

6　5 9	1　1 5	8　3 7
7　4 8	5　6 1	3　8 3
2　9 4	9　2 6	4　7 2

4　3 7	8　8 3	6　1 5
5　2 6	3　4 8	1　6 1
9　7 2	7　9 4	2　5 9

1　2 4	5　6 9	3　4 2
2　3 3	9　1 5	7　8 7
6　7 8	4　5 1	8　9 6

5　8 1	1　3 6	3　1 8
4　9 9	6　7 2	8　5 4
9　4 5	2　2 7	7　6 3

3　6 8	8　1 4	1　8 6
2　7 7	4　5 9	6　3 2
7　2 3	9　9 5	5　4 1

2　1 5	6　6 1	4　8 3
3　9 4	1　2 6	8　4 8
7　5 9	5　7 2	9　3 7

8　7 2	3　3 7	1　5 9
9　6 1	7　8 3	5　1 5
4　2 6	2　4 8	6　9 4

正向星盤二百一十六局（二）
人元卦：丁山癸向（11.6^0 - 18.4^0）

5 9 6	9 5 2	7 7 4
6 8 5	4 1 7	2 3 9
1 4 1	8 6 3	3 2 8

9 6 3	5 2 8	7 4 1
8 5 2	1 7 4	3 9 6
4 1 7	6 3 9	2 8 5

6 5 9	2 9 5	4 7 7
5 6 8	7 4 1	9 2 3
1 1 4	3 8 6	8 3 2

6 3 7	1 7 3	8 5 5
7 4 6	5 2 8	3 9 1
2 8 2	9 6 4	4 1 9

3 9 4	7 4 9	5 2 2
4 1 3	2 8 5	9 6 7
8 5 8	6 3 1	1 7 6

9 6 1	4 1 6	2 8 8
1 7 9	8 5 2	6 3 4
5 2 5	3 9 7	7 4 3

7 2 8	2 7 4	9 9 6
8 1 7	6 3 9	4 5 2
3 6 3	1 8 5	5 4 1

2 8 5	7 4 1	9 6 3
1 7 4	3 9 6	5 2 8
6 3 9	8 5 2	4 1 7

8 7 2	4 2 7	6 9 9
7 8 1	9 6 3	2 4 5
3 3 6	5 1 8	1 5 4

正向星盤二百一十六局（三）
地元卦：未山丑向（26.6^0 - 33.4^0）

3 2 6	8 6 2	1 4 4
2 3 5	4 1 7	6 8 9
7 7 1	9 5 3	5 9 8

2 8 3	6 3 8	4 1 1
3 9 2	1 7 4	8 5 6
7 4 7	5 2 9	9 6 5

8 3 9	3 8 5	1 1 7
9 2 8	7 4 1	5 6 3
4 7 4	2 9 6	6 5 2

4 1 7	9 6 3	2 8 5
3 9 6	5 2 8	7 4 1
8 5 2	1 7 4	6 3 9

1 7 4	6 3 9	8 5 2
9 6 3	2 5 5	4 1 7
5 2 8	7 4 1	3 9 6

7 4 1	3 9 6	5 2 8
6 3 9	8 5 2	1 7 4
2 8 5	4 1 7	9 6 3

5 4 8	1 8 4	3 6 6
4 5 7	6 3 9	8 1 2
9 9 3	2 7 5	7 2 1

4 1 5	8 5 1	6 3 3
5 2 4	3 9 6	1 7 8
9 6 9	7 4 2	2 8 7

1 5 2	5 1 7	3 3 9
2 4 1	9 6 3	7 8 5
6 9 6	4 2 8	8 7 4

正向星盤二百一十六局（四）
天元卦：坤山艮向（41.6^{0} - 48.4^{0}）

3 2 6	8 6 2	1 4 4
2 3 5	4 1 7	6 8 9
7 7 1	9 5 3	5 9 8

2 8 3	6 3 8	4 1 1
3 9 2	1 7 4	8 5 6
7 4 7	5 2 9	9 6 5

8 3 9	3 8 5	1 1 7
9 2 8	7 4 1	5 6 3
4 7 4	2 9 6	6 5 2

4 1 7	9 6 3	2 8 5
3 9 6	5 2 8	7 4 1
8 5 2	1 7 4	6 3 9

1 7 4	6 3 9	8 5 2
9 6 3	2 5 5	4 1 7
5 2 8	7 4 1	3 9 6

7 4 1	3 9 6	5 2 8
6 3 9	8 5 2	1 7 4
2 8 5	4 1 7	9 6 3

5 4 8	1 8 4	3 6 6
4 5 7	6 3 9	8 1 2
9 9 3	2 7 5	7 2 1

4 1 5	8 5 1	6 3 3
5 2 4	3 9 6	1 7 8
9 6 9	7 4 2	2 8 7

1 5 2	5 1 7	3 3 9
2 4 1	9 6 3	7 8 5
6 9 6	4 2 8	8 7 4

正向星盤二百一十六局（五）
人元卦：坤山艮向（56.6^{0} - 63.4^{0}）

8 4 6	4 9 2	6 2 4
7 3 5	9 5 7	2 7 9
3 8 1	5 1 3	1 6 8

7 3 3	2 7 8	9 5 1
8 4 2	6 2 4	4 9 6
3 8 7	1 6 9	5 1 5

2 9 9	7 4 5	9 2 7
1 1 8	3 8 1	5 6 3
6 5 4	8 3 6	4 7 2

9 7 7	5 2 3	7 9 5
8 8 6	1 6 8	3 4 1
4 3 2	6 1 4	2 5 9

6 2 4	2 7 9	4 9 2
5 1 3	7 3 5	9 5 7
1 6 8	3 8 1	8 4 6

5 8 1	9 4 6	7 6 8
6 7 9	4 9 2	2 2 4
1 3 5	8 5 7	3 1 3

3 6 8	7 2 4	5 4 6
4 5 7	2 7 9	9 9 2
8 1 3	6 3 5	1 8 1

9 5 5	4 9 1	2 7 3
1 6 4	8 4 6	6 2 8
5 1 9	3 8 2	7 3 7

4 9 2	9 5 7	2 7 9
3 8 1	5 1 3	7 3 5
8 4 6	1 6 8	6 2 4

正向星盤二百一十六局（六）
地元卦：庚山甲向（71.60^{0} - 78.4^{0}）

1 6 6	5 1 2	3 8 4
2 5 5	9 5 7	7 3 9
6 2 1	4 9 3	8 4 8

5 1 3	1 6 8	3 8 1
4 9 2	6 2 4	8 4 6
9 5 7	2 7 9	7 3 5

4 7 9	8 3 5	6 5 7
5 6 8	3 8 1	1 1 3
9 2 4	7 4 6	2 9 2

2 5 7	6 1 3	4 3 5
3 4 6	1 6 8	8 8 1
7 9 2	5 2 4	9 7 9

8 4 4	3 8 9	1 6 2
9 5 3	7 3 5	5 1 7
4 9 8	2 7 1	8 9 6

3 1 1	8 5 6	1 3 8
2 2 9	4 9 2	6 7 4
7 6 5	9 4 7	5 8 3

1 8 8	6 3 4	8 1 6
9 9 7	2 7 9	4 5 2
5 4 3	7 2 5	3 6 1

7 3 5	3 8 1	5 1 3
6 2 4	8 4 6	1 6 8
2 7 9	4 9 2	9 5 7

6 2 2	1 6 7	8 4 9
7 3 1	5 1 3	3 8 5
2 7 6	9 5 8	4 9 4

正向星盤二百一十六局（七）
天元卦：酉山卯向（86.6^{0} - 93.4^{0}）

<table><tr><td>1 6
6</td><td>5 1
2</td><td>3 8
4</td></tr><tr><td>2 5
5</td><td>9 5
7</td><td>7 3
9</td></tr><tr><td>6 2
1</td><td>4 9
3</td><td>8 4
8</td></tr></table>

<table><tr><td>5 1
3</td><td>1 6
8</td><td>3 8
1</td></tr><tr><td>4 9
2</td><td>6 2
4</td><td>8 4
6</td></tr><tr><td>9 5
7</td><td>2 7
9</td><td>7 3
5</td></tr></table>

<table><tr><td>4 7
9</td><td>8 3
5</td><td>6 5
7</td></tr><tr><td>5 6
8</td><td>3 8
1</td><td>1 1
3</td></tr><tr><td>9 2
4</td><td>7 4
6</td><td>2 9
2</td></tr></table>

<table><tr><td>2 5
7</td><td>6 1
3</td><td>4 3
5</td></tr><tr><td>3 4
6</td><td>1 6
8</td><td>8 8
1</td></tr><tr><td>7 9
2</td><td>5 2
4</td><td>9 7
9</td></tr></table>

<table><tr><td>8 4
4</td><td>3 8
9</td><td>1 6
2</td></tr><tr><td>9 5
3</td><td>7 3
5</td><td>5 1
7</td></tr><tr><td>4 9
8</td><td>2 7
1</td><td>8 9
6</td></tr></table>

<table><tr><td>3 1
1</td><td>8 5
6</td><td>1 3
8</td></tr><tr><td>2 2
9</td><td>4 9
2</td><td>6 7
4</td></tr><tr><td>7 6
5</td><td>9 4
7</td><td>5 8
3</td></tr></table>

<table><tr><td>1 8
8</td><td>6 3
4</td><td>8 1
6</td></tr><tr><td>9 9
7</td><td>2 7
9</td><td>4 5
2</td></tr><tr><td>5 4
3</td><td>7 2
5</td><td>3 6
1</td></tr></table>

<table><tr><td>7 3
5</td><td>3 8
1</td><td>5 1
3</td></tr><tr><td>6 2
4</td><td>8 4
6</td><td>1 6
8</td></tr><tr><td>2 7
9</td><td>4 9
2</td><td>9 5
7</td></tr></table>

<table><tr><td>6 2
2</td><td>1 6
7</td><td>8 4
9</td></tr><tr><td>7 3
1</td><td>5 1
3</td><td>3 8
5</td></tr><tr><td>2 7
6</td><td>9 5
8</td><td>4 9
4</td></tr></table>

正向星盤二百一十六局（八）
人元卦：辛山乙向（101.6^0 - 108.4^0）

9 7 6	4 2 2	2 9 4
1 8 5	8 6 7	6 4 9
5 3 1	3 1 3	7 5 8

6 2 3	1 7 8	8 9 1
7 1 2	5 3 4	3 5 6
2 6 7	9 8 9	4 4 5

3 8 9	7 4 5	5 6 7
4 7 8	2 9 1	9 2 3
8 3 4	6 5 6	1 1 2

8 6 7	4 2 3	6 4 5
7 5 6	9 7 8	2 9 1
3 1 2	5 3 4	1 8 9

7 5 4	2 9 9	9 7 2
8 6 3	6 4 5	4 2 7
3 1 8	1 8 1	5 3 6

2 9 1	7 5 6	9 7 8
1 8 9	3 1 2	5 3 4
6 4 5	8 6 7	4 2 3

9 9 8	5 4 4	7 2 6
8 1 7	1 8 9	3 6 2
4 5 3	6 3 5	2 7 1

6 6 5	2 1 1	4 8 3
5 7 4	7 5 6	9 3 8
1 2 9	3 9 2	8 4 7

5 3 2	9 7 7	7 5 9
6 4 1	4 2 3	2 9 5
1 8 6	8 6 8	3 1 4

正向星盤二百一十六局（九）

地元卦：戌山辰向（116.6^{0} - 123.4^{0}）

7 5 6	3 1 2	5 3 4
6 4 5	8 6 7	1 8 9
2 9 1	4 2 3	9 7 8

4 4 3	9 8 8	2 6 1
3 5 2	5 3 4	7 1 6
8 9 7	1 7 9	6 2 5

1 1 9	6 5 5	8 3 7
9 2 8	2 9 1	4 7 3
5 6 4	7 4 6	3 8 2

1 8 7	5 3 3	3 1 5
2 9 6	9 7 8	7 5 1
6 4 2	4 2 4	8 6 9

5 3 4	1 8 9	3 1 2
4 2 3	6 4 5	8 6 7
9 7 8	2 9 1	7 5 6

4 2 1	8 6 6	6 4 8
5 3 9	3 1 2	1 8 4
9 7 5	7 5 7	2 9 3

2 7 8	6 3 4	4 5 6
3 6 7	1 8 9	8 1 2
7 2 3	5 4 5	9 9 1

8 4 5	3 9 1	1 2 3
9 3 4	7 5 6	5 7 8
4 8 9	2 1 2	6 6 7

3 1 2	8 6 7	1 8 9
2 9 1	4 2 3	6 4 5
7 5 6	9 7 8	5 3 4

正向星盤二百一十六局（十）

天元卦：乾山巽向（131.6^0 - 138.4^0）

7 5 6	3 1 2	5 3 4
6 4 5	8 6 7	1 8 9
2 9 1	4 2 3	9 7 8

4 4 3	9 8 8	2 6 1
3 5 2	5 3 4	7 1 6
8 9 7	1 7 9	6 2 5

1 1 9	6 5 5	8 3 7
9 2 8	2 9 1	4 7 3
5 6 4	7 4 6	3 8 2

1 8 7	5 3 3	3 1 5
2 9 6	9 7 8	7 5 1
6 4 2	4 2 4	8 6 9

5 3 4	1 8 9	3 1 2
4 2 3	6 4 5	8 6 7
9 7 8	2 9 1	7 5 6

4 2 1	8 6 6	6 4 8
5 3 9	3 1 2	1 8 4
9 7 5	7 5 7	2 9 3

2 7 8	6 3 4	4 5 6
3 6 7	1 8 9	8 1 2
7 2 3	5 4 5	9 9 1

8 4 5	3 9 1	1 2 3
9 3 4	7 5 6	5 7 8
4 8 9	2 1 2	6 6 7

3 1 2	8 6 7	1 8 9
2 9 1	4 2 3	6 4 5
7 5 6	9 7 8	5 3 4

正向星盤二百一十六局（十一）

人元卦：亥山巳向（146.6^0 - 153.4^0）

<table><tr><td>2 3
6</td><td>7 7
2</td><td>9 5
4</td></tr><tr><td>1 4
5</td><td>3 2
7</td><td>5 9
9</td></tr><tr><td>6 8
1</td><td>8 6
3</td><td>4 1
8</td></tr></table>

<table><tr><td>8 9
3</td><td>4 4
8</td><td>6 2
1</td></tr><tr><td>7 1
2</td><td>9 8
4</td><td>2 6
6</td></tr><tr><td>3 5
7</td><td>5 3
9</td><td>1 7
5</td></tr></table>

<table><tr><td>7 4
9</td><td>2 9
5</td><td>9 2
7</td></tr><tr><td>8 3
8</td><td>6 5
1</td><td>4 7
3</td></tr><tr><td>3 8
4</td><td>1 1
6</td><td>5 6
2</td></tr></table>

<table><tr><td>5 2
7</td><td>9 7
3</td><td>7 9
5</td></tr><tr><td>6 1
6</td><td>4 3
8</td><td>2 5
1</td></tr><tr><td>1 6
2</td><td>8 8
4</td><td>3 4
9</td></tr></table>

<table><tr><td>9 8
4</td><td>5 4
9</td><td>7 6
2</td></tr><tr><td>8 7
3</td><td>1 9
5</td><td>3 2
7</td></tr><tr><td>4 3
8</td><td>6 5
1</td><td>2 1
6</td></tr></table>

<table><tr><td>6 7
1</td><td>2 2
6</td><td>4 9
8</td></tr><tr><td>5 8
9</td><td>7 6
2</td><td>9 4
4</td></tr><tr><td>1 3
5</td><td>3 1
7</td><td>8 5
3</td></tr></table>

<table><tr><td>4 5
8</td><td>9 9
4</td><td>2 7
6</td></tr><tr><td>3 6
7</td><td>5 4
9</td><td>7 2
2</td></tr><tr><td>8 1
3</td><td>1 8
5</td><td>6 3
1</td></tr></table>

<table><tr><td>3 9
5</td><td>7 5
1</td><td>5 7
3</td></tr><tr><td>4 8
4</td><td>2 1
6</td><td>9 3
8</td></tr><tr><td>8 4
9</td><td>6 6
2</td><td>1 2
7</td></tr></table>

<table><tr><td>9 6
2</td><td>4 2
7</td><td>2 4
9</td></tr><tr><td>1 5
1</td><td>8 7
3</td><td>6 9
5</td></tr><tr><td>5 1
6</td><td>3 3
8</td><td>7 8
4</td></tr></table>

正向星盤二百一十六局（十二）
地元卦：壬山丙向（161.6^0 - 168.4^0）

4　1 6	8　6 2	6　8 4
5　9 5	3　2 7	1　4 9
9　5 1	7　7 3	2　3 8

1　7 3	5　3 8	3　5 1
2　6 2	9　8 4	7　1 6
6　2 7	4　4 9	8　9 5

5　6 9	1　1 5	3　8 7
4　7 8	6　5 1	8　3 3
9　2 4	2　9 6	7　4 2

3　4 7	8　8 3	1　6 5
2　5 6	4　3 8	6　1 1
7　9 2	9　7 4	5　2 9

2　1 4	6　5 9	4　3 2
3　2 3	1　9 5	8　7 7
7　6 8	5　4 1	9　8 6

8　5 1	3　1 6	1　3 8
9　4 9	7　6 2	5　8 4
4　9 5	2　2 7	6　7 3

6　3 8	1　8 4	8　1 6
7　2 7	5　4 9	3　6 2
2　7 3	9　9 5	4　5 1

1　2 5	6　6 1	8　4 3
9　3 4	2　1 6	4　8 8
5　7 9	7　5 2	3　9 7

7　8 2	3　3 7	5　1 9
6　9 1	8　7 3	1　5 5
2　4 6	4　2 8	9　6 4

正向星盤二百一十六局（十三）
天元卦：子山午向（176.6^{0} - 183.40^{0}）

<table>
<tr><td>4 1
6</td><td>8 6
2</td><td>6 8
4</td></tr>
<tr><td>5 9
5</td><td>3 2
7</td><td>1 4
9</td></tr>
<tr><td>9 5
1</td><td>7 7
3</td><td>2 3
8</td></tr>
</table>

<table>
<tr><td>1 7
3</td><td>5 3
8</td><td>3 5
1</td></tr>
<tr><td>2 6
2</td><td>9 8
4</td><td>7 1
6</td></tr>
<tr><td>6 2
7</td><td>4 4
9</td><td>8 9
5</td></tr>
</table>

<table>
<tr><td>5 6
9</td><td>1 1
5</td><td>3 8
7</td></tr>
<tr><td>4 7
8</td><td>6 5
1</td><td>8 3
3</td></tr>
<tr><td>9 2
4</td><td>2 9
6</td><td>7 4
2</td></tr>
</table>

<table>
<tr><td>3 4
7</td><td>8 8
3</td><td>1 6
5</td></tr>
<tr><td>2 5
6</td><td>4 3
8</td><td>6 1
1</td></tr>
<tr><td>7 9
2</td><td>9 7
4</td><td>5 2
9</td></tr>
</table>

<table>
<tr><td>2 1
4</td><td>6 5
9</td><td>4 3
2</td></tr>
<tr><td>3 2
3</td><td>1 9
5</td><td>8 7
7</td></tr>
<tr><td>7 6
8</td><td>5 4
1</td><td>9 8
6</td></tr>
</table>

<table>
<tr><td>8 5
1</td><td>3 1
6</td><td>1 3
8</td></tr>
<tr><td>9 4
9</td><td>7 6
2</td><td>5 8
4</td></tr>
<tr><td>4 9
5</td><td>2 2
7</td><td>6 7
3</td></tr>
</table>

<table>
<tr><td>6 3
8</td><td>1 8
4</td><td>8 1
6</td></tr>
<tr><td>7 2
7</td><td>5 4
9</td><td>3 6
2</td></tr>
<tr><td>2 7
3</td><td>9 9
5</td><td>4 5
1</td></tr>
</table>

<table>
<tr><td>1 2
5</td><td>6 6
1</td><td>8 4
3</td></tr>
<tr><td>9 3
4</td><td>2 1
6</td><td>4 8
8</td></tr>
<tr><td>5 7
9</td><td>7 5
2</td><td>3 9
7</td></tr>
</table>

<table>
<tr><td>7 8
2</td><td>3 3
7</td><td>5 1
9</td></tr>
<tr><td>6 9
1</td><td>8 7
3</td><td>1 5
5</td></tr>
<tr><td>2 4
6</td><td>4 2
8</td><td>9 6
4</td></tr>
</table>

正向星盤二百一十六局（十四）
人元卦：癸山丁向（191.6^0 - 198.4^0）

9 5 6	5 9 2	7 7 4
8 6 5	1 4 7	3 2 9
4 1 1	6 8 3	2 3 8

6 9 3	2 5 8	4 7 1
5 8 2	7 1 4	9 3 6
1 4 7	3 6 9	8 2 5

5 6 9	9 2 5	7 4 7
6 5 8	4 7 1	2 9 3
1 1 4	8 3 6	3 8 2

3 6 7	7 1 3	5 8 5
4 7 6	2 5 8	9 3 1
8 2 2	6 9 4	1 4 9

9 3 4	4 7 9	2 5 2
1 4 3	8 2 5	6 9 7
5 8 8	3 6 1	7 1 6

6 9 1	1 4 6	8 2 8
7 1 9	5 8 2	3 6 4
2 5 5	9 3 7	4 7 3

2 7 8	7 2 4	9 9 6
1 8 7	3 6 9	5 4 2
6 3 3	8 1 5	4 5 1

8 2 5	4 7 1	6 9 3
7 1 4	9 3 6	2 5 8
3 6 9	5 8 2	1 4 7

7 8 2	2 4 7	9 6 9
8 7 1	6 9 3	4 2 5
3 3 6	1 5 8	5 1 4

正向星盤二百一十六局（十五）
地元卦：丑山未向（206.6^{0} - 213.4^{0}）

<table><tr><td>2 3
6</td><td>6 8
2</td><td>4 1
4</td></tr><tr><td>3 2
5</td><td>1 4
7</td><td>8 6
9</td></tr><tr><td>7 7
1</td><td>5 9
3</td><td>9 5
8</td></tr></table>

<table><tr><td>8 2
3</td><td>3 6
8</td><td>1 4
1</td></tr><tr><td>9 3
2</td><td>7 1
4</td><td>5 8
6</td></tr><tr><td>4 7
7</td><td>2 5
9</td><td>6 9
5</td></tr></table>

<table><tr><td>3 8
9</td><td>8 3
5</td><td>1 1
7</td></tr><tr><td>2 9
8</td><td>4 7
1</td><td>6 5
3</td></tr><tr><td>7 4
4</td><td>9 2
6</td><td>5 6
2</td></tr></table>

<table><tr><td>1 4
7</td><td>6 9
3</td><td>8 2
5</td></tr><tr><td>9 3
6</td><td>2 5
8</td><td>4 7
1</td></tr><tr><td>5 8
2</td><td>7 1
4</td><td>3 6
9</td></tr></table>

<table><tr><td>7 1
4</td><td>3 6
9</td><td>5 8
2</td></tr><tr><td>6 9
3</td><td>8 2
5</td><td>1 4
7</td></tr><tr><td>2 5
8</td><td>4 7
1</td><td>9 3
6</td></tr></table>

<table><tr><td>4 7
1</td><td>9 3
6</td><td>2 5
8</td></tr><tr><td>3 6
9</td><td>5 8
2</td><td>7 1
4</td></tr><tr><td>8 2
5</td><td>1 4
7</td><td>6 9
3</td></tr></table>

<table><tr><td>4 5
8</td><td>8 1
4</td><td>6 3
6</td></tr><tr><td>5 4
7</td><td>3 6
9</td><td>1 8
2</td></tr><tr><td>9 9
3</td><td>7 2
5</td><td>2 7
1</td></tr></table>

<table><tr><td>1 4
5</td><td>5 8
1</td><td>3 6
3</td></tr><tr><td>2 5
4</td><td>9 3
6</td><td>7 1
8</td></tr><tr><td>6 9
9</td><td>4 7
2</td><td>8 2
7</td></tr></table>

<table><tr><td>5 1
2</td><td>1 5
7</td><td>3 3
9</td></tr><tr><td>4 2
1</td><td>6 9
3</td><td>8 7
5</td></tr><tr><td>9 6
6</td><td>2 4
8</td><td>7 8
4</td></tr></table>

正向星盤二百一十六局（十六）
天元卦：艮山坤向（221.6^0 - 228.4^0）

2 3 6	6 8 2	4 1 4
3 2 5	1 4 7	8 6 9
7 7 1	5 9 3	9 5 8

8 2 3	3 6 8	1 4 1
9 3 2	7 1 4	5 8 6
4 7 7	2 5 9	6 9 5

3 8 9	8 3 5	1 1 7
2 9 8	4 7 1	6 5 3
7 4 4	9 2 6	5 6 2

1 4 7	6 9 3	8 2 5
9 3 6	2 5 8	4 7 1
5 8 2	7 1 4	3 6 9

7 1 4	3 6 9	5 8 2
6 9 3	8 2 5	1 4 7
2 5 8	4 7 1	9 3 6

4 7 1	9 3 6	2 5 8
3 6 9	5 8 2	7 1 4
8 2 5	1 4 7	6 9 3

4 5 8	8 1 4	6 3 6
5 4 7	3 6 9	1 8 2
9 9 3	7 2 5	2 7 1

1 4 5	5 8 1	3 6 3
2 5 4	9 3 6	7 1 8
6 9 9	4 7 2	8 2 7

5 1 2	1 5 7	3 3 9
4 2 1	6 9 3	8 7 5
9 6 6	2 4 8	7 8 4

正向星盤二百一十六局（十七）

人元卦：寅山申向（236.6^{0} - 243.4^{0}）

4 8 6	9 4 2	2 6 4
3 7 5	5 9 7	7 2 9
8 3 1	1 5 3	6 1 8

3 7 3	7 2 8	5 9 1
4 8 2	2 6 4	9 4 6
8 3 7	6 1 9	1 5 5

9 2 9	4 7 5	2 9 7
1 1 8	8 3 1	6 5 3
5 6 4	3 8 6	7 4 2

7 9 7	2 5 3	9 7 5
8 8 6	6 1 8	4 3 1
3 4 2	1 6 4	5 2 9

2 6 4	7 2 9	9 4 2
1 5 3	3 7 5	5 9 7
6 1 8	8 3 1	4 8 6

8 5 1	4 9 6	6 7 8
7 6 9	9 4 2	2 2 4
3 1 5	5 8 7	1 3 3

6 3 8	2 7 4	4 5 6
5 4 7	7 2 9	9 9 2
1 8 3	3 6 5	8 1 1

5 9 5	9 4 1	7 2 3
6 1 4	4 8 6	2 6 8
1 5 9	8 3 2	3 7 7

9 4 2	5 9 7	7 2 9
8 3 1	1 5 3	3 7 5
4 8 6	6 1 8	2 6 4

正向星盤二百一十六局（十八）

地元卦：甲山庚向（251.6^{0} - 258.4^{0}）

6 1 6	1 5 2	8 3 4
7 2 5	5 9 7	3 7 9
2 6 1	9 4 3	4 8 8

1 5 3	6 1 8	8 3 1
4 8 2	2 6 4	4 8 6
5 9 7	7 2 9	3 7 5

7 4 9	3 8 5	5 6 7
6 5 8	8 3 1	1 1 3
2 9 4	4 7 6	9 2 2

5 2 7	1 6 3	3 4 5
4 3 6	6 1 8	8 8 1
9 7 2	2 5 4	7 9 9

4 8 4	8 3 9	6 1 2
5 9 3	3 7 5	1 5 7
9 4 8	7 2 1	2 6 6

1 3 1	5 8 6	3 1 8
2 2 9	9 4 2	7 6 4
6 7 5	4 9 7	8 5 3

8 1 8	3 6 4	1 8 6
9 9 7	7 2 9	5 4 2
4 5 3	2 7 5	6 3 1

3 7 5	8 3 1	1 5 3
2 6 4	4 8 6	6 1 8
7 2 9	9 4 2	5 9 7

2 6 2	6 1 7	4 8 9
3 7 1	1 5 3	8 3 5
7 2 6	5 9 8	9 4 4

正向星盤二百一十六局（十九）

天元卦：卯山酉向（266.6^0 - 273.4^0）

6 1 6	1 5 2	8 3 4
7 2 5	5 9 7	3 7 9
2 6 1	9 4 3	4 8 8

1 5 3	6 1 8	8 3 1
4 8 2	2 6 4	4 8 6
5 9 7	7 2 9	3 7 5

7 4 9	3 8 5	5 6 7
6 5 8	8 3 1	1 1 3
2 9 4	4 7 6	9 2 2

5 2 7	1 6 3	3 4 5
4 3 6	6 1 8	8 8 1
9 7 2	2 5 4	7 9 9

4 8 4	8 3 9	6 1 2
5 9 3	3 7 5	1 5 7
9 4 8	7 2 1	2 6 6

1 3 1	5 8 6	3 1 8
2 2 9	9 4 2	7 6 4
6 7 5	4 9 7	8 5 3

8 1 8	3 6 4	1 8 6
9 9 7	7 2 9	5 4 2
4 5 3	2 7 5	6 3 1

3 7 5	8 3 1	1 5 3
2 6 4	4 8 6	6 1 8
7 2 9	9 4 2	5 9 7

2 6 2	6 1 7	4 8 9
3 7 1	1 5 3	8 3 5
7 2 6	5 9 8	9 4 4

正向星盤二百一十六局（二十）

人元卦：乙山辛向（281.6^0 - 288.4^0）

7 9 6	2 4 2	9 2 4
8 1 5	6 8 7	4 6 9
3 5 1	1 3 3	5 7 8

2 6 3	7 1 8	9 8 1
1 7 2	3 5 4	5 3 6
6 2 7	8 9 9	4 4 5

8 3 9	4 7 5	6 5 7
7 4 8	9 2 1	2 9 3
3 8 4	5 6 6	1 1 2

6 8 7	2 4 3	4 6 5
5 7 6	7 9 8	9 2 1
1 3 2	3 5 4	8 1 9

5 7 4	9 2 9	7 9 2
6 8 3	4 6 5	2 4 7
1 3 8	8 1 1	3 5 6

9 2 1	5 7 6	7 9 8
8 1 9	1 3 2	3 5 4
4 6 5	6 8 7	2 4 3

9 9 8	4 5 4	2 7 6
1 8 7	8 1 9	6 3 2
5 4 3	3 6 5	7 2 1

6 6 5	1 2 1	8 4 3
7 5 4	5 7 6	3 9 8
2 1 9	9 3 2	4 8 7

3 5 2	7 9 7	5 7 9
4 6 1	2 4 3	9 2 5
8 1 6	6 8 8	1 3 4

正向星盤二百一十六局（廿一）

地元卦：辰山戌向（296.6^0 - 303.4^0)

5 7 6	1 3 2	3 5 4
4 6 5	6 8 7	8 1 9
9 2 1	2 4 3	7 9 8

4 4 3	8 9 8	6 2 1
5 3 2	3 5 4	1 7 6
9 8 7	7 1 9	2 6 5

1 1 9	5 6 5	3 8 7
2 9 8	9 2 1	7 4 3
6 5 4	4 7 6	8 3 2

8 1 7	3 5 3	1 3 5
9 2 6	7 9 8	5 7 1
4 6 2	2 4 4	6 8 9

3 5 4	8 1 9	1 3 2
2 4 3	4 6 5	6 8 7
7 9 8	9 2 1	5 7 6

2 4 1	6 8 6	4 6 8
3 5 9	1 3 2	8 1 4
7 9 5	5 7 7	9 2 3

7 2 8	3 6 4	5 4 6
6 3 7	8 1 9	1 8 2
2 7 3	4 5 5	9 9 1

4 8 5	9 3 1	2 1 3
3 9 4	5 7 6	7 5 8
8 4 9	1 2 2	6 6 7

1 3 2	6 8 7	8 1 9
9 2 1	2 4 3	4 6 5
5 7 6	7 9 8	3 5 4

正向星盤二百一十六局（廿二）

天元卦：巽山乾向（311.6^0 - 318.40^0）

5 7 6	1 3 2	3 5 4
4 6 5	6 8 7	8 1 9
9 2 1	2 4 3	7 9 8

4 4 3	8 9 8	6 2 1
5 3 2	3 5 4	1 7 6
9 8 7	7 1 9	2 6 5

1 1 9	5 6 5	3 8 7
2 9 8	9 2 1	7 4 3
6 5 4	4 7 6	8 3 2

8 1 7	3 5 3	1 3 5
9 2 6	7 9 8	5 7 1
4 6 2	2 4 4	6 8 9

3 5 4	8 1 9	1 3 2
2 4 3	4 6 5	6 8 7
7 9 8	9 2 1	5 7 6

2 4 1	6 8 6	4 6 8
3 5 9	1 3 2	8 1 4
7 9 5	5 7 7	9 2 3

7 2 8	3 6 4	5 4 6
6 3 7	8 1 9	1 8 2
2 7 3	4 5 5	9 9 1

4 8 5	9 3 1	2 1 3
3 9 4	5 7 6	7 5 8
8 4 9	1 2 2	6 6 7

1 3 2	6 8 7	8 1 9
9 2 1	2 4 3	4 6 5
5 7 6	7 9 8	3 5 4

正向星盤二百一十六局（廿三）

人元卦：巳山亥向（326.6^{0} - 333.4^{0}）

<table>
<tr><td>3 2
6</td><td>7 7
2</td><td>5 9
4</td></tr>
<tr><td>4 1
5</td><td>2 3
7</td><td>9 5
9</td></tr>
<tr><td>8 6
1</td><td>6 8
3</td><td>1 4
8</td></tr>
</table>

<table>
<tr><td>9 8
3</td><td>4 4
8</td><td>2 6
1</td></tr>
<tr><td>1 7
2</td><td>8 9
4</td><td>6 2
6</td></tr>
<tr><td>5 3
7</td><td>3 5
9</td><td>7 1
5</td></tr>
</table>

<table>
<tr><td>4 7
9</td><td>9 2
5</td><td>2 9
7</td></tr>
<tr><td>3 8
8</td><td>5 6
1</td><td>7 4
3</td></tr>
<tr><td>8 3
4</td><td>1 1
6</td><td>6 5
2</td></tr>
</table>

<table>
<tr><td>2 5
7</td><td>7 9
3</td><td>9 7
5</td></tr>
<tr><td>1 6
6</td><td>3 4
8</td><td>5 2
1</td></tr>
<tr><td>6 1
2</td><td>8 8
4</td><td>4 3
9</td></tr>
</table>

<table>
<tr><td>8 9
4</td><td>4 5
9</td><td>6 7
2</td></tr>
<tr><td>7 8
3</td><td>9 1
5</td><td>2 3
7</td></tr>
<tr><td>3 4
8</td><td>5 6
1</td><td>1 2
6</td></tr>
</table>

<table>
<tr><td>7 6
1</td><td>2 2
6</td><td>9 4
8</td></tr>
<tr><td>8 5
9</td><td>6 7
2</td><td>4 9
4</td></tr>
<tr><td>3 1
5</td><td>1 3
7</td><td>5 8
3</td></tr>
</table>

<table>
<tr><td>5 4
8</td><td>9 9
4</td><td>7 2
6</td></tr>
<tr><td>6 3
7</td><td>4 5
9</td><td>2 7
2</td></tr>
<tr><td>1 8
3</td><td>8 1
5</td><td>3 6
1</td></tr>
</table>

<table>
<tr><td>9 3
5</td><td>5 7
1</td><td>7 5
3</td></tr>
<tr><td>8 4
4</td><td>1 2
6</td><td>3 9
8</td></tr>
<tr><td>4 8
9</td><td>6 6
2</td><td>2 1
7</td></tr>
</table>

<table>
<tr><td>6 9
2</td><td>2 4
7</td><td>4 2
9</td></tr>
<tr><td>5 1
1</td><td>7 8
3</td><td>9 6
5</td></tr>
<tr><td>1 5
6</td><td>3 3
8</td><td>8 7
4</td></tr>
</table>

正向星盤二百一十六局（廿四）
地元卦：丙山壬向（341.6^0 - 348.4^0）

第五章　玄空兼向替卦飛星盤

第一節　起兼向替卦飛星盤

兼向，又名替卦（坊間稱為變卦或起星）。根據玄空飛星體系，陽宅和陰宅的坐向，可分為「正向」和「兼向」兩種。正向又稱「下卦」；兼向又稱「替卦」或「起星」。

二十四山向中，每一卦山有十五度。倘若坐向在一卦山的中間（約九度），是為「正向」，起盤方法請詳參上章。假若立向超出九度，即偏左或偏右超過正中四度半時，就要以「替卦」或「起星」起飛星盤。

要挨排兼線「替卦」，先要根據替卦歌訣找出「替星」，歌訣如下：

子癸並甲申，貪狼一路行。
壬卯乙未坤，五位是巨門。

乾亥辰巽巳，連戌武曲名。
酉辛丑艮丙，天星說破軍。
寅午庚丁上，右弼四星臨。

「子癸並甲申，貪狼一路行。」把二十四山中的子、癸、甲、申四山，配上一白貪狼星。

「壬卯乙未坤，五位是巨門。」把二十四山中的壬、卯、乙、未、坤五山，配上二黑巨門星。

「乾亥辰巽巳，連戌武曲名。」把二十四山中的乾、亥、辰、巽、巳、戌六山，配上六白武曲星。

「酉辛丑艮丙，天星說破軍。」把二十四山中的酉、辛、丑、艮、丙五山，配上七赤破軍星。

「寅午庚丁上，右弼四星臨。」把二十四山中的寅、午、庚、丁四山，配上九紫右弼星。

據替卦歌訣排列之玄空替卦圖（圖一）

圖一：玄空替卦圖

替卦圖使用要則：

正卦盤以坐山及向首的運星數入中，配合三元龍的陰陽，再決定星曜順或逆飛，然而，兼卦星盤入中，並非以坐山及向首的運星數，而是把坐山及向首的運星數和替卦圖對照，以替星代替入中飛佈。

下舉二例說明之：

例一：九運坐未向丑兼癸丁

運盤以九紫入中宮順飛，運星三碧飛到向首，向首丑宮為地元龍卦，查向首三碧星的地元龍卦，屬何卦，三碧為震卦，內有甲卯乙三卦山，甲為地元龍卦、卯為天元龍卦、乙為人元龍卦，故三碧的地元龍卦為甲。下一步要判定甲的替卦星。根據口訣：「子癸並甲申，貪狼一路行」甲以貪狼星代替，貪狼即一白星，故一白星在中宮向星位置，又因甲屬陽，故一白星順飛。

至於挨排山盤，運盤以九紫入中宮順飛，運星六白到坐山，坐山未山為地元卦，查六白星為乾卦，內有戌乾亥三卦山，戌為地元龍卦，乾為天元龍卦，亥為人元龍卦，故六白的地元龍卦為戌。下一步判定戌的替星，根據口訣：「乾亥辰巽巳，連戌武曲名」，戌以武曲星代替，武曲即六白星，故六白星在坐山，戌屬陰，六白星逆飛。（圖二）

7 9 八	2 5 四	9 7 六
8 8 七	6 1 九	4 3 二
3 4 三	1 6 五	5 2 一

圖二：九運坐未向丑兼癸丁

例二：八運坐卯向酉的兼卦星盤

八運坐卯向酉屬於天元龍卦，運盤以八白入中順飛九宮，運星一白到向首，向首酉宮為天元龍卦，查一白為坎卦，內有壬子癸三山，壬為地元龍卦，子為天元龍卦，癸為人元龍卦，故一白的天元龍卦為子，進而判定子的替星，根據口訣「子癸並甲申，貪狼一路行」，子以貪狼星代替，貪狼即一白星，故一白星為中宮向星，子屬陰，逆飛九宮，此乃向盤排列之法。

至於挨排山盤，運星六白到坐山，坐山卯宮為天元龍，查六白為乾卦，乾卦內有戌乾亥三山，戌為地元龍卦，乾為天元龍卦，亥為人元龍卦，故六白的天元龍卦為乾，進而判定乾的替星，根據口訣：「乾亥辰巽巳，連戌武曲名」，乾以武曲星代替，武曲即六白星，故置六白星於坐山，乾屬陽，六白星置中宮山盤要順飛，此乃山盤排列之法。（圖三）

5 2 七	1 6 三	3 4 五
4 3 六	6 1 八	8 8 一
9 7 二	2 5 四	7 9 九

圖三：八運坐卯向酉兼卦星盤

觀八運坐卯向酉的正卦星盤（圖四），可知「正卦盤」與「兼線盤」完全相同。在玄空星盤而言，「正卦盤」因『卦』而得，「兼線盤」因『替星』而得。二者星盤數同，盤理卻異，故「正卦盤」與「兼線盤」有可能相同，亦有可能各異。

5 2 七	1 6 三	3 4 五
4 3 六	6 1 八	8 8 一
9 7 二	2 5 四	7 9 九

圖四：八運坐卯向酉正卦星盤

**要注意的是，由於「五」無替可尋，若向首或坐山運是五，即以五排入中宮，不論順星還是逆飛佈，原理和下卦盤同。

下章列出兼卦九運二十四山飛星盤供讀者參考。

第二節

兼卦九運
二十四山
飛星盤

<table>
<tr><td>1 3
6</td><td>6 7
2</td><td>8 5
4</td></tr>
<tr><td>9 4
5</td><td>2 2
7</td><td>4 9
9</td></tr>
<tr><td>5 8
1</td><td>7 6
3</td><td>3 1
8</td></tr>
</table>

<table>
<tr><td>6 1
3</td><td>2 5
8</td><td>4 3
1</td></tr>
<tr><td>5 2
2</td><td>7 9
4</td><td>9 7
6</td></tr>
<tr><td>1 6
7</td><td>3 4
9</td><td>8 8
5</td></tr>
</table>

<table>
<tr><td>6 5
9</td><td>1 1
5</td><td>8 3
7</td></tr>
<tr><td>7 4
8</td><td>5 6
1</td><td>3 8
3</td></tr>
<tr><td>2 9
4</td><td>9 2
6</td><td>4 7
2</td></tr>
</table>

<table>
<tr><td>3 5
7</td><td>7 1
3</td><td>5 3
5</td></tr>
<tr><td>4 4
6</td><td>2 6
8</td><td>9 8
1</td></tr>
<tr><td>8 9
2</td><td>6 2
4</td><td>1 7
9</td></tr>
</table>

<table>
<tr><td>1 2
4</td><td>5 6
9</td><td>3 4
2</td></tr>
<tr><td>2 3
3</td><td>9 1
5</td><td>7 8
7</td></tr>
<tr><td>6 7
8</td><td>4 5
1</td><td>8 9
6</td></tr>
</table>

<table>
<tr><td>5 8
1</td><td>1 3
6</td><td>3 1
8</td></tr>
<tr><td>4 9
9</td><td>6 7
2</td><td>8 5
4</td></tr>
<tr><td>9 4
5</td><td>2 2
7</td><td>7 6
3</td></tr>
</table>

<table>
<tr><td>5 6
8</td><td>1 1
4</td><td>1 8
6</td></tr>
<tr><td>4 7
7</td><td>6 5
9</td><td>8 3
2</td></tr>
<tr><td>9 2
3</td><td>2 9
5</td><td>7 4
1</td></tr>
</table>

<table>
<tr><td>2 1
5</td><td>6 6
1</td><td>4 8
3</td></tr>
<tr><td>3 9
4</td><td>1 2
6</td><td>8 4
8</td></tr>
<tr><td>7 5
9</td><td>5 7
2</td><td>9 3
7</td></tr>
</table>

<table>
<tr><td>8 6
2</td><td>3 2
7</td><td>1 4
9</td></tr>
<tr><td>9 5
1</td><td>7 7
3</td><td>5 9
5</td></tr>
<tr><td>4 1
6</td><td>2 3
8</td><td>6 8
4</td></tr>
</table>

兼向星盤二百一十六局（一）
天元卦：午山子向兼丙壬（352.6^0 - 356.5^0）
天元卦：午山子向兼丁癸（3.5^0 - 7.4^0）

9 3 6	5 7 2	7 5 4
8 4 5	1 2 7	3 9 9
4 8 1	6 6 3	2 1 8

8 1 3	4 5 8	6 3 1
7 2 2	9 9 4	2 7 6
3 6 7	5 4 9	1 8 5

6 5 9	1 1 5	8 3 7
7 4 8	5 6 1	3 8 3
2 9 4	9 2 6	4 7 2

3 5 7	7 1 3	5 3 5
4 4 6	2 6 8	9 8 1
8 9 2	6 2 4	1 7 9

1 2 4	5 6 9	3 4 2
2 3 3	9 1 5	7 8 7
6 7 8	4 5 1	8 9 6

5 8 1	1 3 6	3 1 8
4 9 9	6 7 2	8 5 4
9 4 5	2 2 7	7 6 3

5 6 8	1 1 4	3 8 6
4 7 7	6 5 9	8 3 2
9 2 3	2 9 5	7 4 1

2 9 5	6 5 1	4 7 3
3 8 4	1 1 6	8 3 8
7 4 9	5 6 2	9 2 7

8 8 2	3 4 7	1 6 9
9 7 1	7 9 3	5 2 5
4 3 6	2 5 8	6 1 4

兼向星盤二百一十六局（二）

人元卦：丁山癸向兼午子（7.6^{0} - 11.5^{0}）

人元卦：丁山癸向兼未丑（18.5^{0} - 22.4^{0}）

7 1 6	2 6 2	9 8 4
8 9 5	6 2 7	4 4 9
3 5 1	1 7 3	5 3 8

1 8 3	6 4 8	8 6 1
9 7 2	2 9 4	4 2 6
5 3 7	7 5 9	3 1 5

8 7 9	4 2 5	6 9 7
7 8 8	9 6 1	2 4 3
3 3 4	5 1 6	1 5 2

6 3 7	1 7 3	8 5 5
7 4 6	5 2 8	3 9 1
2 8 2	9 6 4	4 1 9

3 8 4	7 3 9	5 1 2
4 9 3	2 7 5	9 5 7
8 4 8	6 2 1	1 6 6

8 6 1	3 1 6	1 8 8
9 7 9	7 5 2	5 3 4
4 2 5	2 9 7	6 4 3

7 9 8	2 5 4	9 7 6
8 8 7	6 1 9	4 3 2
3 4 3	1 6 5	5 2 1

9 6 5	5 2 1	7 4 3
8 5 4	1 7 6	3 9 8
4 1 9	6 3 2	2 8 7

6 7 2	2 2 7	4 9 9
5 8 1	7 6 3	9 4 5
1 3 6	3 1 8	8 5 4

兼向星盤二百一十六局（三）

地元卦：未山丑向兼丁癸（22.6^{0} - 26.5^{0}）

地元卦：未山丑向兼坤艮（33.5^{0} - 37.4^{0}）

5 2 6	1 6 2	3 4 4
4 3 5	6 1 7	8 8 9
9 7 1	2 5 3	7 9 8

2 8 3	6 3 8	4 1 1
3 9 2	1 7 4	8 5 6
7 4 7	5 2 9	9 6 5

8 5 9	3 1 5	1 3 7
9 4 8	7 6 1	5 8 3
4 9 4	2 2 6	6 7 2

4 1 7	9 6 3	2 8 5
3 9 6	5 2 8	7 4 1
8 5 2	1 7 4	6 3 9

1 6 4	6 2 9	8 4 2
9 5 3	2 7 5	4 9 7
5 1 8	7 3 1	3 8 6

6 4 1	2 9 6	4 2 8
5 3 9	7 5 2	9 7 4
1 8 5	3 1 7	8 6 3

5 3 8	1 7 4	3 5 6
4 4 7	6 2 9	8 9 2
9 8 3	2 6 5	7 1 1

3 1 5	7 5 1	5 3 3
4 2 4	2 9 6	9 7 8
8 6 9	6 4 2	1 8 7

1 5 2	5 1 7	3 3 9
2 4 1	9 6 3	7 8 5
6 9 6	4 2 8	8 7 4

兼向星盤二百一十六局（四）

天元卦：坤山艮向兼未丑（37.6^{0} - 41.5^{0}）

天元卦：坤山艮向兼申寅（48.5^{0} - 52.4^{0}）

5 2 6	1 6 2	3 4 4
4 3 5	6 1 7	8 8 9
9 7 1	2 5 3	7 9 8

2 8 3	6 3 8	4 1 1
3 9 2	1 7 4	8 5 6
7 4 7	5 2 9	9 6 5

8 5 9	3 1 5	1 3 7
9 4 8	7 6 1	5 8 3
4 9 4	2 2 6	6 7 2

4 9 7	9 5 3	2 7 5
3 8 6	5 1 8	7 3 1
8 4 2	1 6 4	6 2 9

9 8 4	5 4 9	7 6 2
8 7 3	1 9 5	3 2 7
4 3 8	6 5 1	2 1 6

8 4 1	4 9 6	6 2 8
7 3 9	9 5 2	2 7 4
3 8 5	5 1 7	1 6 3

5 3 8	1 7 4	3 5 6
4 4 7	6 2 9	8 9 2
9 8 3	2 6 5	7 1 1

3 1 5	7 5 1	5 3 3
4 2 4	2 9 6	9 7 8
8 6 9	6 4 2	1 8 7

1 5 2	5 1 7	3 3 9
2 4 1	9 6 3	7 8 5
6 9 6	4 2 8	8 7 4

兼向星盤二百一十六局（五）

人元卦：申山寅向兼坤艮（52.6^{0} - 56.5^{0}）

人元卦：寅山申向兼庚甲（63.5^{0} - 67.4^{0}）

<table>
<tr><td>6 4
6</td><td>2 9
2</td><td>4 2
4</td></tr>
<tr><td>5 3
5</td><td>7 5
7</td><td>9 7
9</td></tr>
<tr><td>1 8
1</td><td>3 1
3</td><td>8 6
8</td></tr>
</table>

<table>
<tr><td>7 3
3</td><td>2 7
8</td><td>9 5
1</td></tr>
<tr><td>8 4
2</td><td>6 2
4</td><td>4 9
6</td></tr>
<tr><td>3 8
7</td><td>1 6
9</td><td>5 1
5</td></tr>
</table>

<table>
<tr><td>9 8
9</td><td>5 3
5</td><td>7 1
7</td></tr>
<tr><td>8 9
8</td><td>1 7
1</td><td>3 5
3</td></tr>
<tr><td>4 4
4</td><td>6 2
6</td><td>2 6
2</td></tr>
</table>

<table>
<tr><td>1 7
7</td><td>6 2
3</td><td>8 9
5</td></tr>
<tr><td>9 8
6</td><td>2 6
8</td><td>4 4
1</td></tr>
<tr><td>5 3
2</td><td>7 1
4</td><td>3 5
9</td></tr>
</table>

<table>
<tr><td>8 9
4</td><td>4 5
9</td><td>6 7
2</td></tr>
<tr><td>7 8
3</td><td>9 1
5</td><td>2 3
7</td></tr>
<tr><td>3 4
8</td><td>5 6
1</td><td>1 2
6</td></tr>
</table>

<table>
<tr><td>7 6
1</td><td>2 2
6</td><td>9 4
8</td></tr>
<tr><td>8 5
9</td><td>6 7
2</td><td>4 9
4</td></tr>
<tr><td>3 1
5</td><td>1 3
7</td><td>5 8
3</td></tr>
</table>

<table>
<tr><td>3 8
8</td><td>7 4
4</td><td>5 6
6</td></tr>
<tr><td>4 7
7</td><td>2 9
9</td><td>9 2
2</td></tr>
<tr><td>8 3
3</td><td>6 5
5</td><td>1 1
1</td></tr>
</table>

<table>
<tr><td>8 7
5</td><td>3 2
1</td><td>1 9
3</td></tr>
<tr><td>9 8
4</td><td>7 6
6</td><td>5 4
8</td></tr>
<tr><td>4 3
9</td><td>2 1
2</td><td>6 5
7</td></tr>
</table>

<table>
<tr><td>4 1
2</td><td>9 6
7</td><td>2 8
9</td></tr>
<tr><td>3 9
1</td><td>5 2
3</td><td>7 4
5</td></tr>
<tr><td>8 5
6</td><td>1 7
8</td><td>6 3
4</td></tr>
</table>

兼向星盤二百一十六局（六）
地元卦：庚山甲向兼申寅（67.6^{0} - 71.5^{0}）
地元卦：庚山甲向兼酉卯（78.5^{0} - 82.4^{0}）

1 6 6	5 1 2	3 8 4
2 7 5	9 5 7	7 3 9
6 2 1	4 9 3	8 4 8

5 1 3	1 6 8	3 8 1
4 9 2	6 2 4	8 4 6
9 5 7	2 7 9	7 3 5

3 6 9	7 2 5	5 4 7
4 5 8	2 7 1	9 9 3
8 1 4	6 3 6	1 8 2

2 5 7	6 1 3	4 3 5
3 4 6	1 6 8	8 8 1
7 9 2	5 2 4	9 7 9

8 3 4	3 7 9	1 5 2
9 4 3	7 2 5	5 9 7
4 8 8	2 6 1	6 1 6

5 1 1	1 5 6	3 3 8
4 2 9	6 9 2	8 7 4
9 6 5	2 4 7	7 8 3

1 8 8	6 3 4	8 1 6
9 9 7	2 7 9	4 5 2
5 4 3	7 2 5	3 6 1

6 5 5	2 1 1	4 3 3
5 4 4	7 6 6	9 8 8
1 9 9	3 2 2	8 7 7

6 2 2	1 6 7	8 4 9
7 3 1	5 1 3	3 8 5
2 7 6	9 5 8	4 9 4

兼向星盤二百一十六局（七）
天元卦：酉山卯向兼庚甲（82.6^{0} - 86.5^{0}）
天元卦：酉山卯向兼辛乙（93.5^{0} - 97.4^{0}）

1 6 6	5 1 2	3 8 4
2 7 5	9 5 7	7 3 9
6 2 1	4 9 3	8 4 8

5 9 3	1 5 8	3 7 1
4 8 2	6 1 4	8 3 6
9 4 7	2 6 9	7 2 5

3 8 9	7 4 5	5 6 7
4 7 8	2 9 1	9 2 3
8 3 4	6 5 6	1 1 2

2 5 7	6 1 3	4 3 5
3 4 6	1 6 8	8 8 1
7 9 2	5 2 4	9 7 9

8 3 4	3 7 9	1 5 2
9 4 3	7 2 5	5 9 7
4 8 8	2 6 1	6 1 6

5 1 1	1 5 6	3 3 8
4 2 9	6 9 2	8 7 4
9 6 5	2 4 7	7 8 3

9 8 8	5 3 4	7 1 6
8 9 7	1 7 9	3 5 2
4 4 3	6 2 5	2 6 1

8 5 5	4 1 1	6 3 3
7 4 4	9 6 6	2 8 8
3 9 9	5 2 2	1 7 7

6 2 2	1 6 7	8 4 9
7 3 1	5 1 3	3 8 5
2 7 6	9 5 8	4 9 4

兼向星盤二百一十六局（八）
人元卦：辛山乙向兼酉卯（97.6^{0} - 101.5^{0}）
人元卦：辛山乙向兼戌辰（108.5^{0} - 112.4^{0}）

8 7 6	3 2 2	1 9 4
9 8 5	7 6 7	5 4 9
4 3 1	2 1 3	6 5 8

6 9 3	1 5 8	8 7 1
7 8 2	5 1 4	3 3 6
2 4 7	9 6 9	4 2 5

3 6 9	7 2 5	5 4 7
4 5 8	2 7 1	9 9 3
8 1 4	6 3 6	1 8 2

6 8 7	2 4 3	4 6 5
5 7 6	7 9 8	9 2 1
1 3 2	3 5 4	8 1 9

7 7 4	2 2 9	9 9 2
8 8 3	6 6 5	4 4 7
3 3 8	1 1 1	5 5 6

9 1 1	5 6 6	7 8 8
8 9 9	1 2 2	3 4 4
4 5 5	6 7 7	2 3 3

1 8 8	6 3 4	8 1 6
9 9 7	2 7 9	4 5 2
5 4 3	7 2 5	3 6 1

8 6 5	4 1 1	6 8 3
7 7 4	9 5 6	2 3 8
3 2 9	5 9 2	1 4 7

7 3 2	2 7 7	9 5 9
8 4 1	6 2 3	4 9 5
3 8 6	1 6 8	5 1 4

兼向星盤二百一十六局（九）
地元卦：戌山辰向兼辛乙（112.6^{0} - 116.5^{0}）
地元卦：戌山辰向兼乾巽（123.5^{0} - 127.4^{0}）

<table>
<tr><td>6 5
6</td><td>2 1
2</td><td>4 3
4</td></tr>
<tr><td>5 4
5</td><td>7 6
7</td><td>9 8
9</td></tr>
<tr><td>1 9
1</td><td>3 2
3</td><td>8 7
8</td></tr>
</table>

<table>
<tr><td>4 3
3</td><td>9 7
8</td><td>2 5
1</td></tr>
<tr><td>3 4
2</td><td>5 2
4</td><td>7 9
6</td></tr>
<tr><td>8 8
7</td><td>1 6
9</td><td>6 1
5</td></tr>
</table>

<table>
<tr><td>1 1
9</td><td>6 5
5</td><td>8 3
7</td></tr>
<tr><td>9 2
8</td><td>2 9
1</td><td>4 7
3</td></tr>
<tr><td>5 6
4</td><td>7 4
6</td><td>3 8
2</td></tr>
</table>

<table>
<tr><td>1 8
7</td><td>5 3
3</td><td>3 1
5</td></tr>
<tr><td>2 9
6</td><td>9 7
8</td><td>7 5
1</td></tr>
<tr><td>6 4
2</td><td>4 2
4</td><td>8 6
9</td></tr>
</table>

<table>
<tr><td>5 5
4</td><td>1 1
9</td><td>3 3
2</td></tr>
<tr><td>4 4
3</td><td>6 6
5</td><td>8 8
7</td></tr>
<tr><td>9 9
8</td><td>2 2
1</td><td>7 7
6</td></tr>
</table>

<table>
<tr><td>3 2
1</td><td>7 6
6</td><td>5 4
8</td></tr>
<tr><td>4 3
9</td><td>2 1
2</td><td>9 8
4</td></tr>
<tr><td>8 7
5</td><td>6 5
7</td><td>1 9
3</td></tr>
</table>

<table>
<tr><td>2 6
8</td><td>6 2
4</td><td>4 4
6</td></tr>
<tr><td>3 5
7</td><td>1 7
9</td><td>8 9
2</td></tr>
<tr><td>7 1
3</td><td>5 3
5</td><td>9 8
1</td></tr>
</table>

<table>
<tr><td>8 4
5</td><td>3 9
1</td><td>1 2
3</td></tr>
<tr><td>9 3
4</td><td>7 5
6</td><td>5 7
8</td></tr>
<tr><td>4 8
9</td><td>2 1
2</td><td>6 6
7</td></tr>
</table>

<table>
<tr><td>5 1
2</td><td>1 6
7</td><td>3 8
9</td></tr>
<tr><td>4 9
1</td><td>6 2
3</td><td>8 4
5</td></tr>
<tr><td>9 5
6</td><td>2 7
8</td><td>7 3
4</td></tr>
</table>

兼向星盤二百一十六局（十）
天元卦：乾山巽向兼戌辰（127.6° - 131.5°）
天元卦：乾山巽向兼亥巳（138.5° - 142.4°）

<table>
<tr><td>8 5
6</td><td>4 1
2</td><td>6 3
4</td></tr>
<tr><td>7 4
5</td><td>9 6
7</td><td>2 8
9</td></tr>
<tr><td>3 9
1</td><td>5 2
3</td><td>1 7
8</td></tr>
</table>

<table>
<tr><td>4 3
3</td><td>9 7
8</td><td>2 5
1</td></tr>
<tr><td>3 4
2</td><td>5 2
4</td><td>7 9
6</td></tr>
<tr><td>8 8
7</td><td>1 6
9</td><td>6 1
5</td></tr>
</table>

<table>
<tr><td>9 1
9</td><td>5 5
5</td><td>7 3
7</td></tr>
<tr><td>8 2
8</td><td>1 9
1</td><td>3 7
3</td></tr>
<tr><td>4 6
4</td><td>6 4
6</td><td>2 8
2</td></tr>
</table>

<table>
<tr><td>1 8
7</td><td>5 3
3</td><td>3 1
5</td></tr>
<tr><td>2 9
6</td><td>9 7
8</td><td>7 5
1</td></tr>
<tr><td>6 4
2</td><td>4 2
4</td><td>8 6
9</td></tr>
</table>

<table>
<tr><td>5 5
4</td><td>1 1
9</td><td>3 3
2</td></tr>
<tr><td>4 4
3</td><td>6 6
5</td><td>8 8
7</td></tr>
<tr><td>9 9
8</td><td>2 2
1</td><td>7 7
6</td></tr>
</table>

<table>
<tr><td>3 2
1</td><td>7 6
6</td><td>5 4
8</td></tr>
<tr><td>4 3
9</td><td>2 1
2</td><td>9 8
4</td></tr>
<tr><td>8 7
5</td><td>6 5
7</td><td>1 9
3</td></tr>
</table>

<table>
<tr><td>2 8
8</td><td>6 4
4</td><td>4 6
6</td></tr>
<tr><td>3 7
7</td><td>1 9
9</td><td>8 2
2</td></tr>
<tr><td>7 3
3</td><td>5 5
5</td><td>9 1
1</td></tr>
</table>

<table>
<tr><td>8 4
5</td><td>3 9
1</td><td>1 2
3</td></tr>
<tr><td>9 3
4</td><td>7 5
6</td><td>5 7
8</td></tr>
<tr><td>4 8
9</td><td>2 1
2</td><td>6 6
7</td></tr>
</table>

<table>
<tr><td>5 9
2</td><td>1 5
7</td><td>3 7
9</td></tr>
<tr><td>4 8
1</td><td>6 1
3</td><td>8 3
5</td></tr>
<tr><td>9 4
6</td><td>2 6
8</td><td>7 2
4</td></tr>
</table>

兼向星盤二百一十六局（十一）

人元卦：亥山巳向兼乾巽（142.6^0 - 146.5^0）

人元卦：亥山巳向兼壬丙（153.5^0 - 157.4^0）

9 3 6	5 7 2	7 5 4
8 4 5	1 7 7	3 9 9
4 8 1	6 6 3	2 1 8

6 8 3	2 3 8	4 1 1
5 9 2	7 7 4	9 6 6
1 4 7	3 2 9	8 6 5

7 4 9	2 9 5	9 2 7
8 3 8	6 5 1	4 7 3
3 8 4	1 1 6	5 6 2

7 9 7	2 5 3	9 7 5
8 8 6	6 1 8	4 3 1
3 4 2	1 6 4	5 2 9

1 6 4	6 2 9	8 4 2
9 5 3	2 7 5	4 9 7
5 1 8	7 3 1	3 8 6

8 7 1	4 2 6	6 9 8
7 8 9	9 6 2	2 4 4
3 3 5	5 1 7	1 5 3

4 7 8	9 2 4	2 9 6
3 8 7	5 6 9	7 4 2
8 3 3	1 1 5	6 5 1

3 1 5	7 6 1	5 8 3
4 9 4	2 2 6	9 4 8
8 5 9	6 7 2	1 3 7

8 8 2	3 4 7	1 6 9
9 7 1	7 9 3	5 2 5
4 3 6	2 5 8	6 1 4

兼向星盤二百一十六局（十二）

地元卦：壬山丙向兼亥巳（157.6^0 - 161.5^0）

地元卦：壬山丙向兼子午（166.5^0 - 172.4^0）

<table>
<tr><td>3 1
6</td><td>7 6
2</td><td>5 8
4</td></tr>
<tr><td>4 9
5</td><td>2 2
7</td><td>9 4
9</td></tr>
<tr><td>8 5
1</td><td>6 7
3</td><td>1 3
8</td></tr>
</table>

<table>
<tr><td>1 6
3</td><td>5 2
8</td><td>3 4
1</td></tr>
<tr><td>2 5
2</td><td>9 7
4</td><td>7 9
6</td></tr>
<tr><td>6 1
7</td><td>4 3
9</td><td>8 8
5</td></tr>
</table>

<table>
<tr><td>5 6
9</td><td>1 1
5</td><td>3 8
7</td></tr>
<tr><td>4 7
8</td><td>6 5
1</td><td>8 3
3</td></tr>
<tr><td>9 2
4</td><td>2 9
6</td><td>7 4
2</td></tr>
</table>

<table>
<tr><td>5 3
7</td><td>1 7
3</td><td>3 5
5</td></tr>
<tr><td>4 4
6</td><td>6 2
8</td><td>8 9
1</td></tr>
<tr><td>9 8
2</td><td>2 6
4</td><td>7 1
9</td></tr>
</table>

<table>
<tr><td>2 1
4</td><td>6 5
9</td><td>4 3
2</td></tr>
<tr><td>3 2
3</td><td>1 9
5</td><td>8 7
7</td></tr>
<tr><td>7 6
8</td><td>5 4
1</td><td>9 8
6</td></tr>
</table>

<table>
<tr><td>8 5
1</td><td>3 1
6</td><td>1 3
8</td></tr>
<tr><td>9 4
9</td><td>7 6
2</td><td>5 8
4</td></tr>
<tr><td>4 9
5</td><td>2 2
7</td><td>6 7
3</td></tr>
</table>

<table>
<tr><td>6 5
8</td><td>1 1
4</td><td>8 3
6</td></tr>
<tr><td>7 4
7</td><td>5 6
9</td><td>3 8
2</td></tr>
<tr><td>2 9
3</td><td>9 2
5</td><td>4 7
1</td></tr>
</table>

<table>
<tr><td>1 5
5</td><td>6 6
1</td><td>8 4
3</td></tr>
<tr><td>9 3
4</td><td>2 1
6</td><td>4 8
8</td></tr>
<tr><td>5 7
9</td><td>7 5
2</td><td>3 9
7</td></tr>
</table>

<table>
<tr><td>6 8
2</td><td>3 3
7</td><td>4 1
9</td></tr>
<tr><td>5 9
1</td><td>7 7
3</td><td>9 5
5</td></tr>
<tr><td>1 4
6</td><td>3 2
8</td><td>8 6
4</td></tr>
</table>

兼向星盤二百一十六局（十三）
天元卦：子山午向兼壬丙（172.6^{0} - 176.5^{0}）
天元卦：子山午向兼癸丁（183.5^{0} - 187.4^{0}）

3 9 6	7 5 2	5 7 4
4 8 5	2 1 7	9 3 9
8 4 1	6 6 3	1 2 8

1 8 3	5 4 8	3 6 1
2 7 2	9 9 4	7 2 6
6 3 7	4 5 9	8 1 5

5 6 9	1 1 5	3 8 7
4 7 8	6 5 1	8 3 3
9 2 4	2 9 6	7 4 2

5 3 7	1 7 3	3 5 5
4 4 6	6 2 8	8 9 1
9 8 2	2 6 4	7 1 9

2 1 4	6 5 9	4 3 2
3 2 3	1 9 5	8 7 7
7 6 8	5 4 1	9 8 6

8 5 1	3 1 6	1 3 8
9 4 9	7 6 2	5 8 4
4 9 5	2 2 7	6 7 3

6 5 8	1 1 4	8 3 6
7 4 7	5 6 9	3 8 2
2 9 3	9 2 5	4 7 1

9 2 5	5 6 1	7 4 3
8 3 4	1 1 6	3 8 8
4 7 9	6 5 2	2 9 7

8 8 2	4 3 7	6 1 9
7 9 1	9 7 3	2 5 5
3 4 6	5 2 8	1 6 4

兼向星盤二百一十六局（十四）

人元卦：癸山丁向兼子午（187.6^{0} - 191.5^{0}）

人元卦：癸山丁向兼丑未（198.5^{0} - 202.4^{0}）

1 7 6	6 2 2	8 9 4
9 8 5	2 6 7	4 4 9
5 3 1	7 1 3	3 5 8

8 1 3	4 6 8	6 8 1
7 9 2	9 2 4	2 4 6
3 5 7	5 7 9	1 3 5

7 8 9	2 4 5	9 6 7
8 7 8	6 9 1	4 2 3
3 3 4	1 5 6	5 1 2

3 6 7	7 1 3	5 8 5
4 7 6	2 5 8	9 3 1
8 2 2	6 9 4	1 4 9

8 3 4	3 7 9	1 5 2
9 4 3	7 2 5	5 9 7
4 8 8	2 6 1	6 1 6

6 8 1	1 3 6	8 1 8
7 9 9	5 7 2	3 5 4
2 4 5	9 2 7	4 6 3

9 7 8	5 2 4	7 9 6
8 8 7	1 6 9	3 4 2
4 3 3	6 1 5	2 5 1

6 9 5	2 5 1	4 7 3
5 8 4	7 1 6	9 3 8
1 4 9	3 6 2	8 2 7

7 6 2	2 2 7	9 4 9
8 5 1	6 7 3	4 9 5
3 1 6	1 3 8	5 8 4

兼向星盤二百一十六局（十五）
地元卦：丑山未向兼癸丁（202.6^0 - 206.5^0）
地元卦：丑山向未兼艮坤（213.5^0 - 217.4^0）

2 5 6	6 1 2	4 3 4
3 4 5	1 6 7	8 8 9
7 9 1	5 2 3	9 7 8

8 2 3	3 6 8	1 4 1
9 3 2	7 1 4	5 8 6
4 7 7	2 5 9	6 9 5

5 8 9	1 3 5	3 1 7
4 9 8	6 7 1	8 5 3
9 4 4	2 2 6	7 6 2

1 4 7	6 9 3	8 2 5
9 3 6	2 5 8	4 7 1
5 8 2	7 1 4	3 6 9

6 1 4	2 6 9	4 8 2
5 9 3	7 2 5	9 4 7
1 5 8	3 7 1	8 3 6

4 6 1	9 2 6	2 4 8
3 5 9	5 7 2	7 9 4
8 1 5	1 3 7	6 8 3

3 5 8	7 1 4	5 3 6
4 4 7	2 6 9	9 8 2
8 9 3	6 2 5	1 7 1

1 3 5	5 7 1	3 5 3
2 4 4	9 2 6	7 9 8
6 8 9	4 6 2	8 1 7

5 1 2	1 5 7	3 3 9
4 2 1	6 9 3	8 7 5
9 6 6	2 4 8	7 8 4

兼向星盤二百一十六局（十六）
天元卦：艮山坤向兼丑未（217.6^{0} - 221.5^{0}）
天元卦：艮山坤向兼寅申（228.5^{0} - 232.4^{0}）

2 5 6	6 1 2	4 3 4
3 4 5	1 6 7	8 8 9
7 9 1	5 2 3	9 7 8

8 2 3	3 6 8	1 4 1
9 3 2	7 1 4	5 8 6
4 7 7	2 5 9	6 9 5

5 8 9	1 3 5	3 1 7
4 9 8	6 7 1	8 5 3
9 4 4	2 2 6	7 6 2

9 4 7	5 9 3	7 2 5
8 3 6	1 5 8	3 7 1
4 8 2	6 1 4	2 6 9

8 9 4	4 5 9	6 7 2
7 8 3	9 1 5	2 3 7
3 4 8	5 6 1	1 2 6

4 8 1	9 4 6	2 6 8
3 7 9	5 9 2	7 2 4
8 3 5	1 5 7	6 1 3

3 5 8	7 1 4	5 3 6
4 4 7	2 6 9	9 8 2
8 9 3	6 2 5	1 7 1

1 3 5	5 7 1	3 5 3
2 4 4	9 2 6	7 9 8
6 8 9	4 6 2	8 1 7

5 1 2	1 5 7	3 3 9
4 2 1	6 9 3	8 7 5
9 6 6	2 4 8	7 8 4

兼向星盤二百一十六局（十七）
人元卦：寅山申向兼艮坤（232.6^{0} - 230.5^{0}）
人元卦：寅山申向兼甲庚（243.5^{0} - 247.4^{0}）

4 6 6	9 2 2	2 4 4
3 5 5	5 7 7	7 9 9
8 1 1	1 3 3	6 8 8

3 7 3	7 2 8	5 9 1
4 8 2	2 6 4	9 4 6
8 3 7	6 1 9	1 5 5

8 9 9	3 5 5	1 7 7
9 8 8	7 1 1	5 3 3
4 4 4	2 6 6	6 2 2

7 1 7	2 6 3	9 8 5
8 9 6	6 2 8	4 4 1
3 5 2	1 7 4	5 3 9

9 8 4	5 4 9	7 6 2
8 7 3	1 9 5	3 2 7
4 3 8	6 5 1	2 1 6

6 7 1	2 2 6	4 9 8
5 8 9	7 6 2	9 4 4
1 3 5	3 1 7	8 5 3

8 3 8	4 7 4	6 5 6
7 4 7	9 2 9	2 9 2
3 8 3	5 6 5	1 1 1

7 8 5	2 3 1	9 1 3
8 9 4	6 7 6	4 5 8
3 4 9	1 2 2	5 6 7

1 4 2	6 9 7	8 2 9
9 3 1	2 5 3	4 7 5
5 8 6	7 1 8	3 6 4

兼向星盤二百一十六局（十八）
地元卦：甲山庚向兼寅申（247.6^{0} - 251.5^{0}）
地元卦：甲山庚向兼卯酉（258.5^{0} - 262.4^{0}）

6 1 6	1 5 2	8 3 4
7 2 5	5 9 7	3 7 9
2 6 1	9 4 3	4 8 8

1 5 3	6 1 8	8 3 1
9 4 2	2 6 4	4 8 6
5 9 7	7 2 9	3 7 5

6 3 9	2 7 5	4 5 7
5 4 8	7 2 1	9 9 3
1 8 4	3 6 6	8 1 2

5 2 7	1 6 3	3 4 5
4 3 6	6 1 8	8 8 1
9 7 2	2 5 4	7 9 9

3 8 4	7 3 9	5 1 2
4 9 3	2 7 5	9 5 7
8 4 8	6 2 1	1 6 6

1 5 1	5 1 6	3 3 8
2 4 9	9 6 2	7 8 4
6 9 5	4 2 7	8 7 3

8 1 8	3 6 4	1 8 6
9 9 7	7 2 9	5 4 2
4 5 3	2 7 5	6 3 1

5 6 5	1 2 1	3 4 3
4 5 4	6 7 6	8 9 8
9 1 9	2 3 2	7 8 7

2 6 2	6 1 7	4 8 9
3 7 1	1 5 3	8 3 5
7 2 6	5 9 8	9 4 4

兼向星盤二百一十六局（十九）

天元卦：卯山酉向兼甲庚（262.6^{0} - 266.5^{0}）

天元卦：卯子酉向兼乙辛（273.5^{0} - 277.4^{0}）

6 1 6	1 5 2	8 3 4
7 2 5	5 9 7	3 7 9
2 6 1	9 4 3	4 8 8

9 5 3	5 1 8	7 3 1
8 4 2	1 6 4	3 8 6
4 9 7	6 2 9	2 7 5

8 3 9	4 7 5	6 5 7
7 4 8	9 2 1	2 9 3
3 8 4	5 6 6	1 1 2

5 2 7	1 6 3	3 4 5
4 3 6	6 1 8	8 8 1
9 7 2	2 5 4	7 9 9

3 8 4	7 3 9	5 1 2
4 9 3	2 7 5	9 5 7
8 4 8	6 2 1	1 6 6

1 5 1	5 1 6	3 3 8
2 4 9	9 6 2	7 8 4
6 9 5	4 2 7	8 7 3

8 9 8	3 5 4	1 7 6
9 8 7	7 1 9	5 3 2
4 4 3	2 6 5	6 2 1

5 8 5	1 4 1	3 6 3
4 7 4	6 9 6	8 2 8
9 3 9	2 5 2	7 1 7

2 6 2	6 1 7	4 8 9
3 7 1	1 5 3	8 3 5
7 2 6	5 9 8	9 4 4

兼向星盤二百一十六局（二十）

人元卦：乙山辛向兼卯酉（277.6^{0} - 281.5^{0}）

人元卦：乙山辛向兼辰戌（288.5^{0} - 292.4^{0}）

7 8 6	2 3 2	9 1 4
8 9 5	6 7 7	4 5 9
3 4 1	1 2 3	5 6 8

9 6 3	5 1 8	7 8 1
8 7 2	1 5 4	3 3 6
4 2 7	6 9 9	2 4 5

6 3 9	2 7 5	4 5 7
5 4 8	7 2 1	9 9 3
1 8 4	3 6 6	8 1 2

8 6 7	4 2 3	6 4 5
7 5 6	9 7 8	2 9 1
3 1 2	5 3 4	1 8 9

7 7 4	2 2 9	9 9 2
8 8 3	6 6 5	4 4 7
3 3 8	1 1 1	5 5 6

1 9 1	6 5 6	8 7 8
9 8 9	2 1 2	4 3 4
5 4 5	7 6 7	3 2 3

8 1 8	3 6 4	1 8 6
9 9 7	7 2 9	5 4 2
4 5 3	2 7 5	6 3 1

6 8 5	1 4 1	8 6 3
7 7 4	5 9 6	3 2 8
2 3 9	9 5 2	4 1 7

3 7 2	7 2 7	5 9 9
4 8 1	2 6 3	9 4 5
8 3 6	6 1 8	1 5 4

兼向星盤二百一十六局（廿一）

地元卦：辰山戌向兼乙辛（292.6^{0} - 296.5^{0}）

地元卦：辰山戌向兼巽乾（303.5^{0} - 307.4^{0}）

5 6 6	1 2 2	3 4 4
4 5 5	6 7 7	8 9 9
9 1 1	2 3 3	7 8 8

3 4 3	7 9 8	5 2 1
4 3 2	2 5 4	9 7 6
8 8 7	6 1 9	1 6 5

1 1 9	5 6 5	3 8 7
2 9 8	9 2 1	7 4 3
6 5 4	4 7 6	8 3 2

8 1 7	3 5 3	1 3 5
9 2 6	7 9 8	5 7 1
4 6 2	2 4 4	6 8 9

5 5 4	1 1 9	3 3 2
4 4 3	6 6 5	8 8 7
9 9 8	2 2 1	7 7 6

2 3 1	6 7 6	4 5 8
3 4 9	1 2 2	8 9 4
7 8 5	5 6 7	9 1 3

6 2 8	2 6 4	4 4 6
5 3 7	7 1 9	9 8 2
1 7 3	3 5 5	8 9 1

4 8 5	9 3 1	2 1 3
3 9 4	5 7 6	7 5 8
8 4 9	1 2 2	6 6 7

1 5 2	6 1 7	8 3 9
9 4 1	2 6 3	4 8 5
5 9 6	7 2 8	3 7 4

兼向星盤二百一十六局（廿二）
天元卦：巽山乾向兼辰戌（307.6^{0} - 311.5^{0}）
天元卦：巽山乾向兼巳亥（318.5^{0} - 322.4^{0}）

<table>
<tr><td>5 8
6</td><td>1 4
2</td><td>3 6
4</td></tr>
<tr><td>4 7
5</td><td>6 9
7</td><td>8 2
9</td></tr>
<tr><td>9 3
1</td><td>2 5
3</td><td>7 1
8</td></tr>
</table>

<table>
<tr><td>3 4
3</td><td>7 9
8</td><td>5 2
1</td></tr>
<tr><td>4 3
2</td><td>2 5
4</td><td>9 7
6</td></tr>
<tr><td>8 8
7</td><td>6 1
9</td><td>1 6
5</td></tr>
</table>

<table>
<tr><td>1 9
9</td><td>5 5
5</td><td>3 7
7</td></tr>
<tr><td>2 8
8</td><td>9 1
1</td><td>7 3
3</td></tr>
<tr><td>6 4
4</td><td>4 6
6</td><td>8 2
2</td></tr>
</table>

<table>
<tr><td>8 1
7</td><td>3 5
3</td><td>1 3
5</td></tr>
<tr><td>9 2
6</td><td>7 9
8</td><td>5 7
1</td></tr>
<tr><td>4 6
2</td><td>2 4
4</td><td>6 8
9</td></tr>
</table>

<table>
<tr><td>5 5
4</td><td>1 1
9</td><td>3 3
2</td></tr>
<tr><td>4 4
3</td><td>6 6
5</td><td>8 8
7</td></tr>
<tr><td>9 9
8</td><td>2 2
1</td><td>7 7
6</td></tr>
</table>

<table>
<tr><td>2 3
1</td><td>6 7
6</td><td>4 5
8</td></tr>
<tr><td>3 4
9</td><td>1 2
2</td><td>8 9
4</td></tr>
<tr><td>7 8
5</td><td>5 6
7</td><td>9 1
3</td></tr>
</table>

<table>
<tr><td>8 2
8</td><td>4 6
4</td><td>6 4
6</td></tr>
<tr><td>7 3
7</td><td>9 1
9</td><td>2 8
2</td></tr>
<tr><td>3 7
3</td><td>5 5
5</td><td>1 9
1</td></tr>
</table>

<table>
<tr><td>4 8
5</td><td>9 3
1</td><td>2 1
3</td></tr>
<tr><td>3 9
4</td><td>5 7
6</td><td>7 5
8</td></tr>
<tr><td>8 4
9</td><td>1 2
2</td><td>6 6
7</td></tr>
</table>

<table>
<tr><td>9 5
2</td><td>5 1
7</td><td>7 3
9</td></tr>
<tr><td>8 4
1</td><td>1 6
3</td><td>3 8
5</td></tr>
<tr><td>4 9
6</td><td>6 2
8</td><td>2 7
4</td></tr>
</table>

兼向星盤二百一十六局（廿三）
人元卦：巳山亥向兼巽乾（322.6^{0} - 326.5^{0}）
人元卦：巳山亥向兼丙壬（333.5^{0} - 337.4^{0}）

3 9 6	7 5 2	5 7 4
4 8 5	2 1 7	9 3 9
8 4 1	6 6 3	1 2 8

8 6 3	3 2 8	1 4 1
9 5 2	7 7 4	5 9 6
4 1 7	2 3 9	6 8 5

4 7 9	9 2 5	2 9 7
3 8 8	5 6 1	7 4 3
8 3 4	1 1 6	6 5 2

9 7 7	5 2 3	7 9 5
8 8 6	1 6 8	3 4 1
4 3 2	6 1 4	2 5 9

6 1 4	2 6 9	4 8 2
5 9 3	7 2 5	9 4 7
1 5 8	3 7 1	8 3 6

7 8 1	2 4 6	9 6 8
8 7 9	6 9 2	4 2 4
3 3 5	1 5 7	5 1 3

7 4 8	2 9 4	9 2 6
8 3 7	6 5 9	4 7 2
3 8 3	1 1 5	5 6 1

1 3 5	6 7 1	8 5 3
9 4 4	2 2 6	4 9 8
5 8 9	7 6 2	3 1 7

8 8 2	4 3 7	6 1 9
7 9 1	9 7 3	2 5 5
3 4 6	5 2 8	1 6 4

兼向星盤二百一十六局（廿四）

地元卦：丙山壬向兼巳亥（337.6^0 - 341.5^0）

地元卦：丙山壬向兼午子（348.5^0 - 352.4^0）

第六章 飛星盤理初探

第一節 正神零神

零正學說於玄空風水而言，極為重要。其學理以元運為主，飛星盤為輔，二者相輔相成，互相配合，方能成就玄空大局。玄空風水大師蔣大鴻先生在《陽宅指南》指出：「正神方見水為零水，零神方見水為正水。」正神，指當運的方位。正神對宮即為零神，《沈氏玄空學》云：「零正即陰陽，正神即當元之旺神，零神即出元之衰神，如上元一運以一為正神，九為零神，下元九運以九為正神，一為零神，此以陰陽對待為零正也！」簡而言之，與正神方合十者，即為零神方。

其原理見洛書圖（元旦盤）（圖一）

（圖一）洛書圖式（輯自虛白廬藏本《三元真諦——讀地理辨正指南》，心一堂出版）

☆一白星在坎北方，北方在一運為正神位
☆二黑星在坤西南方，西南方在二運為正神位
☆三碧星在震東方，東方在三運為正神位
☆四綠星在巽東南方，東南方在四運為正神位
☆六白星在乾西北方，西北方在六運為正神位
☆七赤星在兌西方，西方在七運為正神位
☆八白星在艮東北方，東北方在八運為正神位
☆九紫星在離南方，南方在九運為正神位
☆五黃星在中宮，中宮為戊己，必須先判定戊己寄居何方，方能判定正神的位置。五運前十年，以西南方「未」和東南方「辰」宮為正神位；後十年則以東北方「丑」和西北方「戌」宮為正神位。

零神方在正神方對宮，因此：
☆離南方九紫星在一運為零神位
☆艮東北方八白星在二運為零神位

☆兌西方七赤星在三運為零神位

☆乾西北方六白星在四運為零神位

☆巽東南方四綠星在六運為零神位

☆震東方三碧星在七運為零神位

☆坤西南方二黑星在八運為零神位

☆坎北方一白星在九運為零神位

五運前十年，以東北方「丑」和西北方「戌」宮為零神位；後十年則以西南方「未」和東南方「辰」宮為零神位。

《天玉經》云：「明得零神與正神，指日入青雲。」道出正零神使用之法。正神位宜收山，忌見水；零神位宜見水，忌收山。另有一說以正神為當元旺方，宜開門納氣。

現在是下元八運，東北艮方為正神，宜見山或大型建築物；西南方為零神，宜見河、海、湖、溪、水池等，主財旺。正神之「正」，指「當運」之氣，零神之「零」，指「失運」之氣。正神主旺，零神主衰，而「水」以「衰」為「旺」，即衰敗位見水，可視為旺財運的水。

「正水」和「零水」的分別

「正神」是指當旺方位，「正神方」見水，反主失運，稱為「零水」。「零神方」是失運的方位，「零神水」乃當運的水，故稱為「正水」。八運以西南位為零神，零神方最宜見水，故稱「旺水」。古賢著作較隱晦，以「正」代表「旺」，故零神方見水稱為「正水」。「正」有當運之意。玄空風水首重時間和空間的配合，「零神」和「正神」是相當重要的概念，必須掌握牢記。下表為未來一百八十年正零神方位：

三元	元運	三元九運年份	正神方	零神方
下元	八運	公元 2004 年至 2023 年	艮東北方	坤西南方
下元	九運	公元 2024 年至 2043 年	離南方	坎北方
上元	一運	公元 2044 年至 2063 年	坎北方	離南方
上元	二運	公元 2064 年至 2083 年	坤西南方	艮東北方
上元	三運	公元 2084 年至 2103 年	震東方	兑西方
中元	四運	公元 2104 年至 2123 年	巽東南方	乾西北方
中元	五運	公元 2124 年至 2133 年	未、辰方	丑、戌方
中元	五運	公元 2134 年至 2143 年	丑、戌方	未、辰方
中元	六運	公元 2144 年至 2163 年	乾西北方	巽東南方
下元	七運	公元 2164 年至 2183 年	兑西方	震東方

表一：未來一百八十年正零神方位

如果旺山旺向配合零正，就是玄空風水之大局。如八運之丑山未向，前方見水放光，坐方見山，乃「正神正位裝，撥水入零堂」大局，比其他八運旺山旺向、前見水後見山的線位格局更大，不能同日而語。欲知更多零神之說，詳參筆者拙作《玄空風水心得（二）：沈氏玄空學研究心得》中〈山上龍神下水〉章。

第二節　下卦四大格局

下卦一至九運一共二百一十六個星盤，可分四種格局：

一：到山到向（旺山旺向）

二：雙星到向

三：雙星到坐

四：上山下水

以八運星盤為例，八運時，八白星為當旺之星。由於星曜會按既定軌跡飛佈，因此當旺的向星及山星定必在向首或坐方。當旺向星及山星位置落在不同方位，會構成以上四種格局。

例一（旺山旺向）

3 6 **七**	**7 1** **三**	**5 8** **五**
4 7 **六**	**2 5** **八**	**9 3** **一**
8 2 **二**	**6 9** **四**	**1 4** **九**

圖二：旺山旺向——八運坐丑向未

當旺的向星八白飛佈到向首坤方，是為到向；當旺的山星八白則飛佈到坐山艮方，是為到坐。此格局稱之為「到山到向」（或旺山旺向）

例二（雙星到向）

3 4 七	8 8 三	1 6 五
2 5 六	4 3 八	6 1 一
7 9 二	9 7 四	5 2 九

圖三：雙星到向——八運坐子向午

當旺的向星八白及山星八白皆飛佈到向首離方，乃「雙星到向」之局。

例三（雙星到坐）

5 2 七	9 7 三	7 9 五
6 1 六	4 3 八	2 5 一
1 6 二	8 8 四	3 4 九

圖四：雙星到坐——八運坐壬向丙

當旺的向星八白及山星八白皆飛佈到坐山坎方，乃「雙星到坐」之局。

例四（上山下水）

1 4 七	6 9 三	8 2 五
9 3 六	2 5 八	4 7 一
5 8 二	7 1 四	3 6 九

圖五：上山下水——八運坐艮向坤

當旺的向星八白飛佈到坐山艮方，是為上山；當旺的山星八白飛佈到向首坤方，是為下水，此格局稱之為「上山下水」。

於理氣層面而言，當旺的向星宜到向首。向星為財星，到其位則旺財，到坐方（不合其位）則破財。當旺的山星宜到坐山，山星為丁星，到其位則利健康及旺丁，到向首則損丁。因此：

到山到向，主旺財旺丁
雙星到向，主旺財但損丁
雙星到坐，主破財但旺丁
上山下水，主破財損丁

於巒頭層面而言，當旺的向星宜見水，旺財；不宜見山，損財；當旺的山星宜見山，旺丁，不宜見水，損丁。

玄空風水首重理氣巒頭相合，不同的理氣格局，遇上不同的外巒山水，吉凶各異，詳見下表：

山向	前後所見山水	吉凶
旺山旺向	前方見水，坐後見山	大吉
旺山旺向	前方見山，坐後見水	平
上山下水	前方見水，坐後見山	大凶
上山下水	前方見山，坐後見水	平
雙星到向	前方見水，水後有山	吉
雙星到坐	坐後見水，水後有山	平

表二：山向配合外形

然而，以上所述，僅屬基礎學理，若深入鑽研，再配合三般卦、七星打劫、正零神等學理，論定之吉凶又有所不同。如蔣公替人扦葬，理氣用上山下水之局，外巒前方見水，坐後見山，本是大凶之局，但葬後財、丁、貴皆旺①。有關四大格局，載於拙作，諸位敬請自行參閱②。

第三節　入囚

飛星盤理中，有種格局曰「入囚」，指當運令星落入中宮被困；另一種說法是：地運完結，在理氣層面而言旺氣不繼，財丁退敗。

「入囚」大致分三類：

①此例詳參《玄空風水心得（一）附 流年飛星佈局（二零一九最新增訂版）》。

②此例詳參《玄空風水心得（二）》：沈氏玄空學研究心得附 流年飛星佈局》。

（一）運星入囚

一：向首運星入囚：行至向首運星的星運，即為入囚。

例：八運坐丑向未，五是向首坤宮運星，於五運時入囚。（圖六）

3 6 七	7 1 三	5 8 五
4 7 六	2 5 八	9 3 一
8 2 二	6 9 四	1 4 九

圖六：八運坐丑向未

二：雙星到向，坐後向星數運星入囚：在雙星到向之局，向盤飛到坐後星運，即為入囚。

例：八運坐子向午，雙星到向，坐後向星7，七運時入囚。（圖七）

3 4 七	8 8 三	1 6 五
2 5 六	4 3 八	6 1 一
7 9 二	9 7 四	5 2 九

圖七：八運坐子向午

（二）向星入囚

向首飛星入囚：運至向首向星星運，為向星入囚。

例：八運坐艮向坤，向首向星二黑，二運時入囚（圖八）

1 4 七	6 9 三	8 2 五
9 3 六	2 5 八	4 7 一
5 8 二	7 1 四	3 6 九

圖八：八運坐艮向坤

(三) 山星入囚

入中入囚：山星入中運，為山星入囚。

例：七運坐戌向辰，山星八入中宮，八運時為山星入囚。(圖九)

9 7 六	4 2 二	2 9 四
1 8 五	8 6 七	6 4 九
5 3 一	3 1 三	7 5 八

圖九：七運坐戌向辰

陰陽二宅，逢囚即敗，向星入囚主財困，宅運衰弱；山星入囚主子息運弱。

第四節　反伏吟

伏吟

「伏」即不動、毫無變化。凡山星或向星，逢五入中順飛八方為全局伏吟（和元旦盤數字相同）

4 8 五	9 3 一	2 1 三
3 9 四	5 7 六	7 5 八
8 4 九	1 2 二	6 6 七

圖十：六運巽山乾向

四	九	二
三	五	七
八	一	六

圖十一：元旦盤

六運巽山乾向（圖十），山星五入中順飛，山星全局和元旦盤（圖十一）字字相同，是為全局山星伏吟。伏吟易有傷病，嚴重者可致家破人亡。

此外，山星與運星，或向星與運星字字相同，亦為全局伏吟。如六運酉山卯向兼卦（圖十二），是局向星六入中順飛，運星數字字相同，亦以全局伏吟論，主財運受困。

6 5 五	2 1 一	4 3 三
5 4 四	7 6 六	9 8 八
1 9 九	3 2 二	8 7 七

圖十二：六運酉山卯向兼

單一宮位亦可犯伏吟，坐山和向首兩宮尤需注意（其餘各宮僅飛星力不顯，影響輕微）。如七運坤山艮向（圖十三），艮宮雙七到宮，七運時雙七到向首，艮宮當旺大吉；然而，到八運時，此宮則以伏吟論。若艮宮有動機，主宮災。一般而言，當運不忌伏吟，這也是入住當運樓的優點。

3 2 六	8 6 二	1 4 四
2 3 五	4 1 七	6 8 九
7 7 一	9 5 三	5 9 八

圖十三：七運坤山艮向

反吟

山星或向星，逢五入中逆飛八方，為全局反吟（和元旦盤數字合十）

1 6 六	5 1 二	3 8 四
2 7 五	9 5 七	7 3 九
6 2 一	4 9 三	8 4 八

圖十四：七運酉山卯向

四	九	二
三	五	七
八	一	六

圖十五：元旦盤

向星五入中逆飛，向星全局和元旦盤（圖十五）字字合十，全局向星犯反吟。

反吟在當運時不需顧忌，因為五入中逆飛並非旺山即旺向；反之，失運時向星犯全局反吟，主因財致禍；山星犯全局反吟，主人事致禍、健康欠佳（如需接受手術）等。至於單一宮位的反吟，影響極微，可置之不理。

第五節　合十卦

玄空星盤除四大格局，也有特別的組合，其一是「合十卦」。

例一：四運庚山甲向（圖十六）

7 3 三	2 7 八	9 5 一
8 4 二	6 2 四	4 9 六
3 8 七	1 6 九	5 1 五

圖十六：四運庚山甲向

星盤內每宮的山星與運星數字合十

例二：一運乾山巽向（圖十七）

1 1 九	6 5 五	8 3 七
9 2 八	2 9 一	4 7 三
5 6 四	7 4 六	3 8 二

圖十七：一運乾山巽向

星盤內每宮的向星與運星數字合十

山盤、運盤星數合十，或向盤、運盤星數合十，皆主吉。向盤得合十卦，財運順利，人緣亦佳。山盤得合十卦，得貴人相助，生貴子。謹記，全盤合十方成此局，單宮合十不作吉論。

合十卦格局尤適用於一運和九運。一運和九運沒有旺山旺向，若得合十卦之坐向，有催吉之效。

第六節　三般卦

經云：「識得父母三般卦，便是真神路。」

三般卦可分兩種：

1、連珠三般卦

每個宮位內的向星、山星及運星皆成連續數，如：

123、234、345、456、567、678、789、891、912

5 7 六	1 3 二	3 5 四
4 6 五	6 8 七	8 1 九
9 2 一	2 4 三	7 9 八

圖十八：七運巽山乾向

星盤內，每個宮位內的數字也是連續數。由於每宮數字能互相串連，主人緣佳，常有貴人相助，減輕災禍。

2、父母三般卦

每個宮位向星、山星及運星數字皆為147、258、369（此為三般卦之數）

如例：

1　4 七	6　9 三	8　2 五
9　3 六	2　5 八	4　7 一
5　8 二	7　1 四	3　6 九

圖十九：八運艮山坤向

坎、兌、巽宮內數字合147數
艮、坤、中宮內數字合258數
離、震、乾宮內數字合369數

父母三般卦主得四方貴人扶助，人緣旺，大利經商。

星盤內八卦九宮俱有上述之數字組合，方成三般卦要局，僅單宮相合，則不能成局。父母三般卦皆上山下水之局，然而，由於數字連扣，力量頗大，可通上、中、下三元之氣，有說可化上山下水之凶。

經云：「識得父母三般卦，便是真神路。」不少師傅對父母三般卦推崇備至，認為此局比旺山旺向力量更大。可是，並非每個父母三般卦盤也可成局，必須配合巒頭、時間、坐向等，大局始成。坊間書籍鮮有詳細論述此卦者，其相關實例也極少。筆者不敏，對父母三般卦略有心得，並輔以實例加以說明，相關解說載於已出版的兩部拙作，欲知詳情，敬請自行參閱。

第七節　七星打劫

「七星打劫」乃玄空飛星盤理中的「奇局」。《沈氏玄空學》卷一首章論「七星打劫」，不但詳細解釋「七星打劫」的原理，也列出所有七星打劫星盤。沈氏的「七星打劫」，可分為「真打劫」和「假打劫」，諸位可自行參閱相關古籍，在此不贅。

七星打劫局乃玄空風水學中上乘之納氣法，可劫奪未來的運氣來加強現運，運內可旺財。然而，若用不得其法，如空實失宜，或會招致禍害，諸位切記慎用之。

第八節　城門訣

此訣必須巒頭和理氣互相配合，方能湊效，主要用於催財（必須見真水）

巒頭上的城門位：

1、四面環山，獨有一缺口（唯一進氣之處）

2、四面巒頭平平無奇，獨有一動機

3、廣義來說，以下也可作城門論：

天斬煞：建築物設置的人工瀑布、大海的水口、球場、迴旋處、三岔水口、噴水池、大水放光處等

理氣上的城門位：

經云：「城門一訣最為良，立宅安墳大吉昌。」

以向首兩旁的宮位為城門位。根據《沈氏玄空學》，可分為正城門和副城門。

正城門：以元旦盤判定，和向首合生的成數（即16、27、38、49）

副城門：和向首不相合者，為副城門（圖二十）

四	九	二
三	五	七
八	一	六
副城門	↓	正城門

圖二十：正副城門

以坎向地元龍為例，向首兩旁艮和乾，皆為城門位。根據元旦盤，乾六和向首坎一合一六生成數，因此乾是正城門；艮八和向首坎一不合生成數，故艮為副城門。

1 4 七	6 9 三	8 2 五
9 3 六	2 5 八	4 7 一
5 8 二	7 1 四	3 6 九

圖廿一：八運坐艮向坤

四	八	六
五	三	一
九	七	二

圖廿二：三入中逆飛

向首兩旁的運星入中，坐向地、天、人元龍卦位飛佈，逆飛為城門訣，因旺星（氣）回首到宮。

例如：八運坐艮向坤（圖廿一），向首為坤宮，左右兩旁是離宮及兌宮。艮坤坐向為天元龍，離宮運星三，三為震卦甲卯乙，天元龍為卯，屬陰，因此三入中逆飛；八回到離宮，八在八運為當元旺氣，旺氣回首到宮（圖廿二）。兌宮運星一，一為坎卦壬子癸，天元龍為子，屬陰，因此一入中逆飛，八回到兌宮，八在八運為當元旺氣，旺氣回首到宮（圖廿三）。於元旦盤數，坤宮與兌宮合二七生成數，故此局兌宮為正城門，離宮為副城門。

二	六	四
三	一	八
七	五	九

圖廿三：一入中逆飛

3 6 七	7 1 三	5 8 五
4 7 六	2 5 八	9 3 一
8 2 二	6 9 四	1 4 九

圖廿四：八運坐丑向未

八運坐丑向未（圖廿四），向首為坤宮，左右兩旁是離和兌宮。丑未坐向為地元龍，離宮運星三，三為震卦甲卯乙，地元龍為甲，屬陽，三入中順飛（圖廿五），七飛佈到離宮，七於八運為退氣，並非旺氣回首到宮，故非城門訣。兌宮運星一，一為坎卦壬子癸，地元龍為壬，屬陽，一入中順飛（圖廿六），三飛到兌宮，在八運為死氣，非旺氣回首到宮，故亦非城門訣。

二	七	九
一	三	五
六	八	四

圖廿五：三入中順飛，無城門訣可用

九	五	七
八	一	三
四	六	二

圖廿六：一入中順飛，無城門訣可用

城門訣僅在當運時運用。此訣可用於平洋龍陽宅的大門、神位、收銀機、水位，放有動機之物催旺，若外巒見真水更佳，催財之力更大。

《沈氏玄空學》對城門訣的見解非常精闢，節錄如下，以供參考：

城門

「城門為穴內進氣之關鍵，水之三叉聚會或照穴有情權力獨勝處，而又合乎五行生旺之方位者，謂之城門。其五行生旺之方位維何？即向旁左右兩宮是也。天人兩元之向遇運星一三七九飛到隣宮，便合城門。地元向逢二四六八飛臨亦然。大凡城門純以逆飛取得旺氣，故於同元一氣中舍陽而取陰，向旁運星之五有水挨到，亦作城門論。但同元可用，又有正馬借馬之別，以元旦盤宮位為率，如坎之與乾，乾之與坎，互合生成者為正馬，餘則為借馬，其力略輕。有以出宮兼向為借庫，一卦純清為自庫者，此城門之正格也。若言變格，例如挨星之一臨於乾位，暗合生成於鄰宮者是也。其環山獨缺一口用作城門方位，亦依此類推。大抵向衰者得城門一吉，足資補救，向旺者得之益臻昌盛，因是氣無異中宮之氣故也。諺於所謂雪中送炭，錦上添花者，城門兩有之故。經有『城門一訣最為良』之讚美，然城門輪到衰死之星則亦不免凶耳。」

論城門

「水交三八，即指城門，如巽山乾向，四山環抱，獨子方有缺口，水口亦在子，此地即可用城門訣。法如子方一運挨星為六，六乃乾陽不用。二運挨星為七，七為酉陰，以七人中宮逆飛，二到子為旺星到城門。三運挨星為八，八乃艮陽不用。四運挨星為九，九為午陰，以九入中宮逆飛，四到子為旺星到城門。五運陰子，仍為陰子，以一入中宮逆飛，五到子為旺星到城門。六運挨星為二，二乃坤陽不用。七運挨星為三，三為卯陰，以三入中宮逆飛，七到子，為旺星到城門；八運挨星為四，四乃巽陽不用；九運挨星為五，五為己陰（九為午為陰故五入中亦用己陰也），五入中，九到子為旺星到城門，總之，城門一訣，四山缺一口多者不能用；

但用此訣，亦須將生尅挨排，小心為要，餘類推。城門一訣，諸書註解無透徹者，惟溫明遠註①『無非要將當元得令之星排到城門』云，予窮思其言，始悟得此法。」

或問：「四十八局，自分運逐一挨排，然後深信不疑，未知另有他訣否？」曰：「惟有城門一訣，凡挨星令星上山下水者皆陽入中順行，令星到山到向者均陰入中逆行，故城門遇陰入中，卽可將旺星排到。如葬時正逢兵亂，可排城門一訣，若旺星到城門，亦可草草下葬，否則不如擇空曠之地，以當旺之山向暫厝，尚能保人家之安吉也。」

或問：「《玉尺》之四大水口，蔣氏已闢其謬矣。四大水口之妙，豈蔣氏亦有誤歟？」答曰：「蔣氏不誤，予更不誤。今日三合家所云，辰戌丑未四大水口，只要用於五運卽不誤矣。因五運此四字均屬陰，以城門一訣斷之，字字當令，豈非全美。予昨斷之墓，卽五運所扦，故云四大水口，處處當令。若他運，則不合用矣。」

或問：「辰戌丑未四大水口，五運用之不誤，已明其理，然則寅午戌、申子

①溫明遠《地理辨正溫氏續解》，見《批注地理合璧附玄空真訣（虛白廬藏民國活字印本）》及《蔣氏易盤圖解》《蔣氏秘要立成》《辨正溫氏續解》《張清湛地理正宗》合刊【原（彩）色本】。俱輯入心一堂術數古籍珍本叢刊・堪輿類・無常派玄空珍秘。

辰、巳酉丑、亥卯未三合之水局，五運中亦可用乎？答曰：否否。寅申巳亥在五運中字字陽也，子午卯酉、辰戌丑未在五運中字字陰也，何以能合。蔣氏辨四大水口，開宗明義即云：「夫四大水口，有至理存焉」，可悟五運中之四大水口，辰戌丑未也，子午卯酉也，乙辛丁癸也。明明白白，不過蔣氏隱而不顯耳。」

【志伊謹按】溫明遠云：「水法曲折灣環，重重交錯於二十四山之內，大水收入小水，合成三叉，為水之城門。立穴定向以城門為重，蓋城門為穴內進氣之關鍵，若以玄空五行生旺之星排到城門即吉，他處稍得衰星亦可轉禍為福，若城門輪到衰死之星，即不免凶矣！」

或問：「城門一吉．究有若干年運？」答曰：「龍真穴的，當旺即發，運過即敗，且發時較旺山旺向為甚，惟出運以後（出運者，如二運用城門一吉，至三運則陰陽差錯矣。）適逢旺山旺向，趁此時建碑修理之，仍可接替，若出運後，山向不利，不能修理者，終有咎。）

或問：「吾師前解三合為神煞之用，可謂至理名言，惟宋以後，言水法者均用之，其理定有根據，乞示。」

答曰：「水法千言萬語，無非城門，城門維何，即向首一星之旁二卦也。如天元龍之「山」「向」旁二卦，天元爻中見有水光，即為城門，若與時相合則吉，與時相違則凶，凡有龍真穴的山與向雖不利，而城門正逢吉星，亦可下葬，惟城門運星一退，其家即衰，若山向正逢旺運，城門又吉，則旺上加旺，如今日三合家所謂「申（人）子（天）辰（地）」「巳（人）酉（天）丑（地）」「寅（人）午（天）戌（地）」「亥（人）卯（天）未（地）」會局者，實能明城門之理，特未諳城門之用耳。如子山午向，以巽坤二卦為城門，於是誤以支龍（世以子為支龍）必須收申辰之支水，又從而進之，脈自子轉申而墓於辰，水自申止子而墓於辰，豈知子山午向一見申辰之水，即犯駁雜，而龍氣不純矣。此予所謂明其理，而未諳其用也。能諳其用，必曰：「午向以巽坤為城門，丙向以未辰為城門，丁向以申巳為城門矣。」巳酉丑者，酉山卯向以巽艮二卦為城門。寅午戌者，午山子向以乾艮二卦為城門。亥卯未者，卯山酉向以乾坤二卦為城門也。而後人更加入坤壬乙等更大謬，昔瑩徹專用此水局，浙東所葬各地莫不敗絕。

第九節　八純卦

在玄空飛星盤裏，有一種極為特別的格局。這種格局只會出現在五運兼線替卦盤，其特別之處，是九個宮中的山星和向星皆同向。這種格局名為「八純卦」。凡星盤犯「八純卦」，卦象毫無變化，即全局犯伏吟，主丁財兩敗。

《沈氏玄空學》於卷五〈起星立成圖序〉一章提及八純卦。「字字相同即八純卦，八純卦者即乾又見乾，坤又見坤，艮又見艮，巽又見巽之類，今吾書排盡九運廿四山向得八純卦凡六局曰五運之戌辰、辰戌、乾巽、巽乾、亥巳、巳亥是皆山向俱替。」

根據《沈氏玄空學》，八純卦僅見於六個山向，皆在五運兼線替卦盤內：

一、辰山戌向兼（圖廿七）　　二、巽山乾向兼（圖廿八）
三、巳山亥向兼（圖廿八）　　四、戌山辰向兼（圖廿七）
五、乾山巽向兼（圖廿八）　　六、亥山巳向兼（圖廿八）

辰山戌向兼線盤
戌山辰向兼線盤

7　7 四	2　2 九	9　9 二
8　8 三	6　6 五	4　4 七
3　3 八	1　1 一	5　5 六

圖廿七：

巽山乾向兼線盤　巳山亥向兼線盤
乾山巽向兼線盤　亥山巳向兼線盤

5　5 四	1　1 九	3　3 二
4　4 三	6　6 五	8　8 七
9　9 八	2　2 一	7　7 六

圖廿八：

以上兩個星盤宮內向星和山星字字相同，毫無變化。由於飛星盤必須全盤兼顧，因此以雙星到向、雙星到坐或僅以單宮來判定吉凶，並不準確。在玄空學理而言，八純卦為極凶之局，即使外巒相配，亦以凶論。若不幸遇上凶惡巒頭，更主敗絕，無可化解，避之為宜。

第七章　基本飛星佈局運用

第一節　定立極點

房子的正中心，玄學上稱為「立極點」。現在的房子不定是正方或長方形，只要刪除凸出的位置，或填補凹陷的地方，使之成為四邊形，便能夠運用對角交叉線的方法（見下圖）來確定中心點。

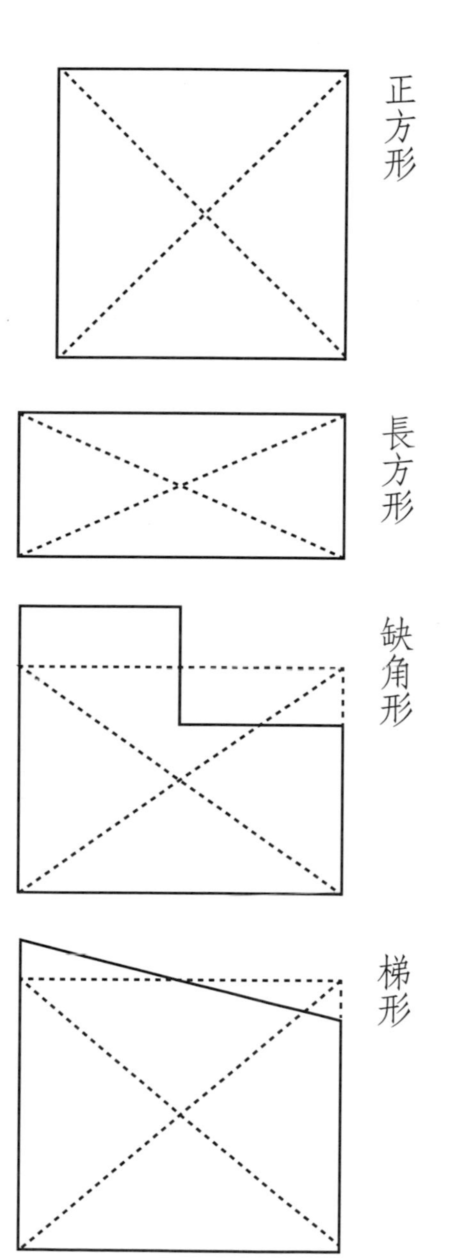

若求精準，可用數學原理確定中心點。假若陽宅形狀過於複雜，則可用平衡法處理——在厚卡紙上畫出陽基平面圖，剪下平面圖後，用針支撐卡紙，找出能支撐卡紙之平衡點，正是該宅之立極點。

八卦九宮分佈

陽宅要分辨八卦九宮，必須運用立極點。方法有二：

一、把九宮套入宅內：但此法不適用於缺角較大的宅形（如L形開則的住宅）。此類宅形九宮不全，若勉強套入八卦九宮，稍欠準繩。

二、以立極點為中心，據其放射線分八卦九宮。然而，此法若用於長方形的住宅，得出之九宮大小極不平均，故亦有不足之處。

兩種方法各有優劣，筆者多採放射法。即使九宮面積落差頗大，然而每個宮位的能量相若，故準繩度較高。

第二節　九星初探

九星，即洛書紫白九星，每顆星皆有其對應的顏色和星曜名稱：

一白貪狼星
二黑巨門星
三碧祿存星
四綠文曲星
五黃廉貞星
六白武曲星
七赤破軍星
八白左輔星
九紫右弼星

每顆星各有其吉凶表徵，各星在不同元運中的吉性或凶性亦各異。元運當旺，凶星變成吉星；反之，失運的話，吉星會化為凶星。因此，在玄空飛星派風水學理而言，得悉星曜當旺或失運，尤其重要。此外，每顆星曜各有不同的星情，例如四綠星為文昌星，冀學業猛進者，得在這顆星曜下功夫了。《沈氏玄空學》中「河洛生尅吉凶斷事」及「九星斷略」，詳細解說九星的吉凶，現引錄如下：

河洛生尅吉凶斷事

洛書一白水，為中男、為魁星。生旺，少年科甲，名播四海，多生聰明智慧男子；尅殺，刑妻瞎眼，夭亡飄蕩。

二黑土，為老陰。生旺，發田財，旺人丁，示產文士，止應武貴，妻奪夫權，陰謀鄙吝。尅殺，寡婦相傳，產難刑耗，腹疾惡瘡。

三碧木，為長男。生旺，財祿豐盈，興家創業，貢監成名，長房大旺。尅殺，瘋魔哮喘，殘疾刑妻，是非官訟。

四綠木，為長女，為文昌。生旺，文章名世，科甲聯芳，女子容貌端妍，聯姻貴族。尅殺，瘋哮自縊，婦女淫亂，男子酒色破家，漂流絕滅。

五黃土，為戊己大煞，不論生尅，俱凶，宜安靜不宜動作。年神並臨，即損人丁，輕則災病，重則連喪至五數止，季子昏迷癡獃，孟仲官訟淫亂。

六白金，為老陽。生旺，威權震世，武職勳貴，巨富多丁。尅殺，刑妻孤獨，寡母守家。

七赤金，為少女。生旺發財旺丁，武途仕宦，小房發福。尅殺，盜賊、離鄉投軍、橫死牢獄，口舌、火災、損丁。

八白土，為少男。生旺，孝義忠良，富貴綿遠，小房福洪。尅殺，小口損傷，瘟䧟膨脹。

九紫火，為中女。生旺，文章科第，驟至榮顯，中房受蔭，易癈易興。尅殺，吐血瘋癲，目疾產死，回祿官災。

九星斷略

竊聞河圖洩兩儀之秘，洛書闡九曜之靈

◇一白先天在坤，後天居坎，應貪狼之宿，是為官星，五行則屬水，其色尚白，秋進冬旺，春洩夏死；當令時士人遇之必得其祿，庶人遇之定進財喜，最宜一四同宮，一六聯星更助旺氣。失令時，若受其尅煞則莊子有鼓盆之嗟，卜商有喪明之痛。

◇二黑屬土，星號巨門，為先天火數，二運逢之，發田財青蚨充滿，旺人丁則螽斯衍慶；然為晦氣病符，憂愁抑鬱，在所不免，暗悶淹延，亦常有之。失令時受其尅煞，孕婦有坐草之慮，或宅母多病，或涉婦人而興訟，或因女子而招是非，會五黃輕則重病，重則死亡。會九紫或五黃再逢戊己都天主火災，招是非。大抵此方不宜修動，犯者陰人不利，其病必久。若向六白方動作，可以調劑；或在二黑所到之方向，懸一金屬製成之風鈴，金德可以化之；

若會三碧犯鬥牛煞，主是非口舌。

◇三碧蚩尤星，喜鬥爭，隸震宮，其色碧，五行屬木；值其生，興家立業，當其旺，富貴功名。若官災訟非，遇其尅也；殘病刑尅，遭其凶也；犯之者，膿血之災，觸之者，足疾大禍；若遇七赤、被劫盜更見官災；如逢坤艮五黃，名鬥牛煞，主是非或惹官刑。

◇四綠為文昌之神，隸巽宮，其色綠，五行屬木，星號文曲；當其旺，登科甲第，君子加官，平民進産，若為尅煞，瘋哮自縊之厄，不得免焉；淫佚流蕩，失時則有之。若一四同宮定主科名，否則有貴人助力，四六合十亦主吉祥，四九化金，雖洩亦無碍。

◇五黃為正關煞，應廉貞之宿，位鎮中央，威揚八表，其色黃，五行屬土，其性屬陽，宜靜不宜動，動則終凶；若五黃會力士，或會劫殺，不宜造葬或修整，否則非死人亦有大禍；宜化不宜尅，尅之則禍；會太歲歲破，禍患頻頻；二五交加，非死亡亦主重病；如在八白方動作，則遇險呈祥，故此星值方，在平坦之地，門路短散，猶有疾病；臨高峻之處，門路長聚，定主傷人；

又值戊己都天再會七九之數，有大石尖峯觸其怒，古樹神廟助其威，必遭回祿之災，萬室咸燼；遇瘟疫之厄，五子云亡；其性最烈，其禍最酷。

◇六白乾宮，武曲居之，五行屬金，性尚剛烈，當令之時，威權震世，巨富多丁；其尅煞也，伶仃孤苦、刑妻傷子；失運六會九長房血症，若六白見七赤為交劍殺，主失竊或劫掠，當令遇七赤比和為旺，逢四綠雖尅出，亦無妨碍；遇二黑不忌病符，反主生財，逢八白更佳，遇五黃亦作吉斷。

◇七赤破軍，位居正西，五行屬金，其色尚赤，有小人之狀，為盜賊之精；其生旺也，財丁亦增；為尅煞也，官非口舌；七會九紫主回祿之災，或少女受害；夏月忌臨，八白和之；逢三碧被劫盜更有官非，遇六白亦主失竊或破財，逢五黃又疊戊己都天，為禍更甚。

◇艮得八數，其色白，屬土，生旺則富貴功名，見四綠則小口損傷；性本慈祥，能化凶神，反歸吉曜；失令三會八化木又相尅，眞難十全十美，故與一六皆吉論，並稱三白；若失令，亦屬凶神。

◇離宮九紫，星名右弼，五行屬火，性最燥；吉者遇之，立刻發福，凶者值之，勃然大禍；故術家以為趕煞催貴之神，但火性剛，不可過強；若七九再遇五黃，又逢戊己都天，或見形，必主火災；宜吉不宜凶，故曰紫白並稱。

第三節　飛星佈局之步驟及要點

以下建議勘察風水之基本步，以供參考：

一、先在大樓外定立坐向。運用羅更量度時，要留意附近是否有電燈柱、變壓房、泵房、電錶房、停泊車輛、風口等，以上皆影響羅更的數值。

二、觀察大樓附近的環境，留意有否動土、工程、人流、行業種類、巴士站、地鐵站、碼頭、街市、醫院、消防局、教堂等特別建築物，並悉數記錄。

三、到達單位時，詢問樓宇建成或入伙日期（起星盤用）。退氣樓（如六運、五運樓）要詢問是否曾大裝修。初學者不妨多起數個飛星盤加以比較，以飛星斷事來定盤。

四、取宅內人的命卦，以便斷事。

五、記錄室內佈局和間隔：大門、窗、臥室、廚房、浴室位於大太極哪個方位；各房門和床於小太極哪個位置。其他有動機的擺設、外圍環境（如山、水、路、樓宇情形等）也要一一記錄。宜在合比例的平面圖上作記錄，可以的話，拍照為記。

六、原局飛星盤配合人命卦斷事，並記下需要論斷的項目，方便日後跟進或研究，也確保日後佈局時不會遺漏。

七、加入流年飛星斷事，根據要求作適當的佈局。

初學斷事，不知從何入手，以下為基本斷事的次序及步驟，諸位可按個人需要調整：

一、先看坐向格局，再配合內外巒頭判定宅運基本吉凶。

二、找出當運向星的宮位，配合巒頭判斷財運興衰。

三、找出當運山星的宮位，配合巒頭，得悉整體健康好壞。

四、從大門宮位的向星觀察得財孰難孰易和得財的方式。

五、陽台、窗户、臥室廚廁等宮位的星晨，配合巒頭，判斷整體運氣。

六、從小太極卧室房門和床頭位置，論斷宅內人的性情和行為。

七、以命卦比對門、廚、廁的星晨，論斷宅內各人運氣的多寡。

八、加入流年飛星斷事及佈局。

當運山向星的生旺尅洩（即同宮星晨、旁宮星晨及流年星），會出現下列情況：

◇當運向星生旺：財運佳。

◇當運山星生旺：健康運佳。

◇當運向星受尅：得財，但較辛苦。

◇當運山星受剋：有變動傾向（工作、住屋等）。

◇當運向星比和：本局吉上加吉，反之，凶則愈凶。

◇當運山星比和：本局吉上加吉，反之，凶則愈凶。

◇當運向星生出：因興趣增加支出。

◇當運山星生出：動態較大，幸不太辛勞。

◇當運向星剋出：有破財傾向。

◇當運山星剋出：工作吃力不討好。

化煞方法：

如遇上煞氣，一般可用遮、擋、化、鬥、避等五種方法應付：

一、遮法：遮蓋有煞氣之物，眼不見為乾淨。

二、擋法：用物象、屏風等擋住煞氣。

三、化法：分辨煞氣的五行，用五行轉化煞氣。

四、鬥法：用卦象、神位、猛獸等對症下藥。

五、避法：遷往他處。

第四節　飛星擇日

紫白九星擇日法

楊公云：「不得真龍得日月，也應富貴旺人家。」

蔣公云：「初時禍福天時驗，歲久方知地有權。」

日、月、天時皆指擇日而言，巒頭、理氣、擇日三者配合，方能發揮風水之最大功效。擇日的吉凶立竿見影，一般在三個月內應驗吉凶。

坊間流行的擇日方法頗多，例如：奇門、董公、天星、紫白、三合、斗首、烏兔、易卦、神煞等等。每一派都有其理論，讀者若有興趣，可參考：《協紀辨方書》，《剋擇講義》，《選擇求真》，《象吉通書》等權威書籍。

現與大家分享「紫白九星擇日法」。此擇日法與玄空飛星風水息息相關，筆者常言，玄空之「玄」為時間，「空」為空間，「玄空」之意，正是憑藉時空的運算論斷吉凶。我們認識的流年飛星，例如五黃、二黑，皆屬於紫白九星擇日（年紫白）的飛星，年紫白可和山向星交溝，繼而影響宅內原來的吉凶。

「紫白九星擇日」分為年紫白、月紫白、日紫白和時紫白。坊間不乏書籍論及起星盤之法，萬年曆上亦有年紫白和月紫白；至於日、時紫白，亦有表可查。對於日紫白和時紫白的起盤方法，坊間各有說法。「真步堂」蔡伯勵宗師在其每年《天文曆算通勝》「日紫白辨」章也有述及，諸位可自行參閱。筆者則以《沈氏玄空學》為據，把年、月、日、時紫白表列如下，以供參考：

三元九運流年星曜飛入中宮表

流年							上元	中元	下元
甲子	癸酉	壬午	辛卯	庚子	己酉	戊午	一白	四綠	七赤
乙丑	甲戌	癸未	壬辰	辛丑	庚戌	己未	九紫	三碧	六白
丙寅	乙亥	甲申	癸巳	壬寅	辛亥	庚申	八白	二黑	五黃
丁卯	丙子	乙酉	甲午	癸卯	壬子	辛酉	七赤	一白	四綠
戊辰	丁丑	丙戌	乙未	甲辰	癸丑	壬戌	六白	九紫	三碧
己巳	戊寅	丁亥	丙申	乙巳	甲寅	癸亥	五黃	八白	二黑
庚午	己卯	戊子	丁酉	丙午	乙卯		四綠	七赤	一白
辛未	庚辰	己丑	戊戌	丁未	丙辰		三碧	六白	九紫
壬申	辛巳	庚寅	己亥	戊申	丁巳		二黑	五黃	八白

流月星曜飛入中宮表			
月 星 日	子卯午酉年	丑辰未戌年	寅巳申亥年
正月	八白	五黃	二黑
二月	七赤	四綠	一白
三月	六白	三碧	九紫
四月	五黃	二黑	八白
五月	四綠	一白	七赤
六月	三碧	九紫	六白
七月	二黑	八白	五黃
八月	一白	七赤	四綠
九月	九紫	六白	三碧
十月	八白	五黃	二黑
十一月	七赤	四綠	一白
十二月	六白	三碧	九紫

卷六 時日紫白圖 五一

上元日紫白九星順局表

此表推算法，每歲在冬至後之甲子日起一白順佈，推算至芒種後癸亥日九紫入中爲止，以下即與夏至後之甲子日九紫入中對頭、

冬至	小寒	大寒	凡在此三節後之甲子日以前，概屬大雪節算	立春	凡在此節後之甲子日，概歸雨水節算、	一白	二黑	三碧	四綠	五黃	六白	七赤	八白	九紫
雨水	驚蟄	春分	凡在此三節後之甲子日以前，概屬立春節算	清明	凡在此節後之甲子日，概歸穀雨節算、	七赤	八白	九紫	一白	二黑	三碧	四綠	五黃	六白
穀雨	立夏	小滿	凡在此三節後之甲子日以前，概屬清明節算	芒種	凡在此節後之甲子日、概歸夏至節算、	四綠	五黃	六白	七赤	八白	九紫	一白	二黑	三碧

甲子	癸酉	壬午	辛卯	庚子	己酉	戊午、	中	乾	兌	艮	離	坎	坤	震	巽
乙丑	甲戌	癸未	壬辰	辛丑	庚戌	己未	巽	中	乾	兌	艮	離	坎	坤	震
丙寅	乙亥	甲申	癸巳	壬寅	辛亥	庚申	震	巽	中	乾	兌	艮	離	坎	坤
丁卯	丙子	乙酉	甲午	癸卯	壬子	辛酉	坤	震	巽	中	乾	兌	艮	離	坎
戊辰	丁丑	丙戌	乙未	甲辰	癸丑	壬戌	坎	坤	震	巽	中	乾	兌	艮	離
己巳	戊寅	丁亥	丙申	乙巳	甲寅	癸亥	離	坎	坤	震	巽	中	乾	兌	艮
庚午	己卯	戊子	丁酉	丙午	乙卯		艮	離	坎	坤	震	巽	中	乾	兌
辛未	庚辰	己丑	戊戌	丁未	丙辰		兌	艮	離	坎	坤	震	巽	中	乾
壬申	辛巳	庚寅	己亥	戊申	丁巳		乾	兌	艮	離	坎	坤	震	巽	中

錄自心一堂《增廣沈氏玄空學　附　仲山宅斷秘繪稿本三種、自得齋地理叢說稿鈔本》，頁823

此推算表法。每歲在夏至日後之甲子日、起九紫、逆佈推算至大雪後癸亥日一白入中爲止、以下卽與冬至後之甲子日、一白入中對頭。

上元日紫白九星逆局表

	夏至	處暑	霜降
	小暑	白露	立冬
	大暑	秋分	小雪
	凡在此三節後之甲子日以前、概屬芒種節算、	凡在此三節後之甲子日以前、概屬立秋節算、	凡在此三節後之甲子日以前、概屬寒露節算、
	立秋	寒露	大雪
	凡在此節後之甲子日、概歸處暑節算、	凡在此節後之甲子日、概歸霜降節算、	凡在此節後之甲子日、概歸冬至節算、
	九紫	三碧	六白
	八白	二黑	五黃
	七赤	一白	四綠
	六白	九紫	三碧
	五黃	八白	二黑
	四綠	七赤	一白
	三碧	六白	九紫
	二黑	五黃	八白
	一白	四綠	七赤

甲子	乙丑	丙寅	丁卯	戊辰	己巳	庚午	辛未	壬申
癸酉	甲戌	乙亥	丙子	丁丑	戊寅	己卯	庚辰	辛巳
壬午	癸未	甲申	乙酉	丙戌	丁亥	戊子	己丑	庚寅
辛卯	壬辰	癸巳	甲午	乙未	丙申	丁酉	戊戌	己亥
庚子	辛丑	壬寅	癸卯	甲辰	乙巳	丙午	丁未	戊申
己酉	庚戌	辛亥	壬子	癸丑	甲寅	乙卯	丙辰	丁巳
戊午	己未	庚申	辛酉	壬戌	癸亥			
中	巽	震	坤	坎	離	艮	兌	乾
乾	中	巽	震	坤	坎	離	艮	兌
兌	乾	中	巽	震	坤	坎	離	艮
艮	兌	乾	中	巽	震	坤	坎	離
離	艮	兌	乾	中	巽	震	坤	坎
坎	離	艮	兌	乾	中	巽	震	坤
坤	坎	離	艮	兌	乾	中	巽	震
震	坤	坎	離	艮	兌	乾	中	巽
巽	震	坤	坎	離	艮	兌	乾	中

錄自心一堂《增廣沈氏玄空學　附　仲山宅斷秘繪稿本三種、自得齋地理叢說稿鈔本》，頁824

此表推算法．每歲在雨水後之甲子日起七赤順佈．推算至立秋後丁巳日九紫入中爲止．以下倒數六日即與處暑後甲子日三碧入中相符合．

中元日紫白九星順局表

雨水	驚蟄	春分	凡在此三節後之甲子日以前概屬立春節算．	清明	凡在此節後之甲子日．概歸穀雨節算．									
雨水	驚蟄	春分	凡在此三節後之甲子日以前概屬立春節算．	清明	凡在此節後之甲子日．概歸穀雨節算．	七赤	八白	九紫	一白	二黑	三碧	四綠	五黃	六白
穀雨	立夏	小滿	凡在此三節後之甲子日以前概屬清明節算．	芒種	凡在此節後之甲子日．概歸夏至節算．	四綠	五黃	六白	七赤	八白	九紫	一白	二黑	三碧
夏至	小暑	大暑	凡在此三節後之甲子日以前概屬芒種節算．	立秋	凡在此節後之甲子日．概歸處暑節算．	一白	二黑	三碧	四綠	五黃	六白	七赤	八白	九紫

甲子	癸酉	壬午	辛卯	庚子	己酉	戊午								
甲子	癸酉	壬午	辛卯	庚子	己酉	戊午	中	乾	兌	艮	離	坎	坤	震	巽
乙丑	甲戌	癸未	壬辰	辛丑	庚戌	己未	巽	中	乾	兌	艮	離	坎	坤	震
丙寅	乙亥	甲申	癸巳	壬寅	辛亥	庚申	震	巽	中	乾	兌	艮	離	坎	坤
丁卯	丙子	乙酉	甲午	癸卯	壬子 癸亥	辛酉	坤	震	巽	中	乾	兌	艮	離	坎
戊辰	丁丑	丙戌	乙未	甲辰	癸丑 壬戌	壬戌	坎	坤	震	巽	中	乾	兌	艮	離
巳己	戊寅	丁亥	丙申	乙巳	甲寅 辛酉	癸亥	離	坎	坤	震	巽	中	乾	兌	艮
庚午	己卯	戊子	丁酉	丙午	乙卯 庚申		艮	離	坎	坤	震	巽	中	乾	兌
辛未	庚辰	己丑	戊戌	丁未	丙辰 己未		兌	艮	離	坎	坤	震	巽	中	乾
壬申	辛巳	庚寅	己亥	戊申	丁巳 戊午		乾	兌	艮	離	坎	坤	震	巽	中

錄自心一堂《增廣沈氏玄空學　附　仲山宅斷秘繪稿本三種、自得齋地理叢說稿鈔本》，頁825

此表推算法。每歲在處暑後之甲子日起三碧逆佈，推算至立春後丁巳日一白入中爲止。以下倒數，六日即與雨水後甲子日七赤入中相符合。

中元日紫白九星逆局表

節氣				附註										
處暑	白露	秋分	寒露	凡在此三節後之甲子日以前概屬立秋節算	凡在此節後之甲子日概歸霜降節算	三碧	二黑	一白	九紫	八白	七赤	六白	五黃	四綠
霜降	立冬	小雪	大雪	凡在此三節後之甲子日以前概屬寒露節算	凡在此節後之甲子日概歸冬至節算	六白	五黃	四綠	三碧	二黑	一白	九紫	八白	七赤
冬至	小寒	大寒	立春	凡在此三節後之甲子日以前概屬大雪節算	凡在此節後之甲子日概歸雨水節算	九紫	八白	七赤	六白	五黃	四綠	三碧	二黑	一白

甲子	癸酉	壬午	辛卯	庚子	己酉	戊午	中	乾	兌	艮	離	坎	坤	震	巽
乙丑	甲戌	癸未	壬辰	辛丑	庚戌	己未	巽	中	乾	兌	艮	離	坎	坤	震
丙寅	乙亥	甲申	癸巳	壬寅	辛亥	庚申	震	巽	中	乾	兌	艮	離	坎	坤
丁卯	丙子	乙酉	甲午	癸卯	壬子 癸亥	辛酉	坤	震	巽	中	乾	兌	艮	離	坎
戊辰	丁丑	丙戌	乙未	甲辰	癸丑 壬戌	壬戌	坎	坤	震	巽	中	乾	兌	艮	離
己巳	戊寅	丁亥	丙申	乙巳	甲寅 辛酉	癸亥	離	坎	坤	震	巽	中	乾	兌	艮
庚午	己卯	戊子	丁酉	丙午	乙卯 庚申		艮	離	坎	坤	震	巽	中	乾	兌
辛未	庚辰	己丑	戊戌	丁未	丙辰 己未		兌	艮	離	坎	坤	震	巽	中	乾
壬申	辛巳	庚寅	己亥	戊申	丁巳 戊午		乾	兌	艮	離	坎	坤	震	巽	中

錄自心一堂《增廣沈氏玄空學　附　仲山宅斷秘繪稿本三種、自得齋地理叢說稿鈔本》，頁826

此表推算法每歲在穀雨日後之甲子日起四綠順佈推算至寒露後辛亥日九紫入中爲止以下倒數十二日即與霜降後甲子日六白入中相符合

下元日紫白九星順局表

穀雨	立夏	小滿	凡在此三節後之甲子日以前概屬清明節算	芒種	凡在此節後之甲子日概歸夏至節算	四綠	五黃	六白	七赤	八白	九紫	一白	二黑	三碧
夏至	小暑	大暑	凡在此三節後之甲子日以前概屬芒種節算	立秋	凡在此節後之甲子日概歸處暑節算	一白	二黑	三碧	四綠	五黃	六白	七赤	八白	九紫
處暑	白露	秋分	凡在此三節後之甲子日以前概屬寒露節算	寒露	凡在此節後之甲子日概歸霜降節算	七赤	八白	九紫	一白	二黑	三碧	四綠	五黃	六白

甲子	癸酉	壬午	辛卯	庚子 癸亥	己酉 甲寅	戊午	中	乾	兌	艮	離	坎	坤	震	巽
乙丑	甲戌	癸未	壬辰	辛丑 壬戌	庚戌 癸丑	己未	巽	中	乾	兌	艮	離	坎	坤	震
丙寅	乙亥	甲申	癸巳	壬寅 辛酉	辛亥 壬子	庚申	震	巽	中	乾	兌	艮	離	坎	坤
丁卯	丙子	乙酉	甲午	癸卯 庚申	壬子	辛酉	坤	震	巽	中	乾	兌	艮	離	坎
戊辰	丁丑	丙戌	乙未	甲辰 己未	癸丑	壬戌	坎	坤	震	巽	中	乾	兌	艮	離
己巳	戊寅	丁亥	丙申	乙巳 戊午	甲寅	癸亥	離	坎	坤	震	巽	中	乾	兌	艮
庚午	己卯	戊子	丁酉	丙午 丁巳	乙卯		艮	離	坎	坤	震	巽	中	乾	兌
辛未	庚辰	己丑	戊戌	丁未 丙辰	丙辰		兌	艮	離	坎	坤	震	巽	中	乾
壬申	辛巳	庚寅	己亥	戊申 乙卯	丁巳		乾	兌	艮	離	坎	坤	震	巽	中

錄自心一堂《增廣沈氏玄空學　附　仲山宅斷秘繪稿本三種、自得齋地理叢說稿鈔本》，頁827

此表推算法。每歲在霜降日後之甲子日起六白逆佈推算至清明後辛亥日一白入中爲止以下倒數十二日即與穀雨後甲子日四綠入中相符合

下元日紫白九星逆局表

霜降	冬至	雨水	甲子	乙丑	丙寅	丁卯	戊辰	己巳	庚午	辛未	壬申
立冬	小寒	驚蟄	癸酉	甲戌	乙亥	丙子	丁丑	戊寅	己卯	庚辰	辛巳
小雪	大寒	春分	壬午	癸未	甲申	乙酉	丙戌	丁亥	戊子	己丑	庚寅
凡在此三節後之甲子日以前概屬寒露節算	凡在此三節後之甲子日以前概屬大雪節算	凡在此三節後之甲子日以前概屬立春節算	辛卯	壬辰	癸巳	甲午	乙未	丙申	丁酉	戊戌	己亥
			庚子 癸亥	辛丑 壬戌	壬寅 辛酉	癸卯 庚申	甲辰 己未	乙巳 戊午	丙午 丁巳	丁未 丙辰	戊申 乙卯
大雪	立春	清明	己酉 甲寅	庚戌 癸丑	辛亥 壬子	壬子	癸丑	甲寅	乙卯	丙辰	丁巳
凡在此節後之甲子日概歸冬至節算	凡在此節後之甲子日概歸雨水節算	凡在此節後之甲子日概歸穀雨節算	戊午	己未	庚申	辛酉	壬戌	癸亥			
六白	九紫	三碧	中	巽	震	坤	坎	離	艮	兌	乾
五黃	八白	二黑	乾	中	巽	震	坤	坎	離	艮	兌
四綠	七赤	一白	兌	乾	中	巽	震	坤	坎	離	艮
三碧	六白	九紫	艮	兌	乾	中	巽	震	坤	坎	離
二黑	五黃	八白	離	艮	兌	乾	中	巽	震	坤	坎
一白	四綠	七赤	坎	離	艮	兌	乾	中	巽	震	坤
九紫	三碧	六白	坤	坎	離	艮	兌	乾	中	巽	震
八白	二黑	五黃	震	坤	坎	離	艮	兌	乾	中	巽
七赤	一白	四綠	巽	震	坤	坎	離	艮	兌	乾	中

錄自心一堂《增廣沈氏玄空學　附　仲山宅斷秘繪稿本三種、自得齋地理叢說稿鈔本》，頁 828

三元時紫白順逆合局表

新表、分上中下三元各元照各元節氣分佈順逆與日紫白每歲順逆佈法庶相符合如上元冬至後子日子時順局爲一白入中夏至後子日子時逆局爲九紫入中此即合十之義也且與日白順逆兩局相符

上元冬至後甲子日起 中元雨水後戊午日起 下元穀雨後壬子日起			一白	二黑	三碧	四綠	五黃	六白	七赤	八白	九紫
上元夏至後甲子日起 中元處暑後戊午日起 下元霜降後壬子日起			九紫	八白	七赤	六白	五黃	四綠	三碧	二黑	一白
子午卯酉四孟日	丑未辰戌四仲日	寅申巳亥四季日									
子酉	午	卯	中	乾	兌	艮	離	坎	坤	震	巽
丑戌	未	辰	巽	中	乾	兌	艮	離	坎	坤	震
寅亥	申	巳	震	巽	中	乾	兌	艮	離	坎	坤
卯	子酉	午	坤	震	巽	中	乾	兌	艮	離	坎
辰	丑戌	未	坎	坤	震	巽	中	乾	兌	艮	離
巳	寅亥	申	離	坎	坤	震	巽	中	乾	兌	艮
午	卯	子酉	艮	離	坎	坤	震	巽	中	乾	兌
未	辰	丑戌	兌	艮	離	坎	坤	震	巽	中	乾
申	巳	寅亥	乾	兌	艮	離	坎	坤	震	巽	中

錄自心一堂《增廣沈氏玄空學　附　仲山宅斷秘繪稿本三種、自得齋地理叢說稿鈔本》，頁829

要準確運用紫白九星擇日，必需先了解其基本要點：

（一）原則上，一白、六白、八白為吉星；四綠、九紫為小吉之星；三碧、七赤為凶星；二黑及五黃為大凶星。但也要配合元運衰旺，如七運時七赤為當旺令星，則不以凶星論。假若只著眼九星吉凶，漠視元運衰旺的影響，筆者對此不敢苟同。

（二）五行生剋：每顆星都有其所屬五行：一白屬水；二黑、五黃、八白屬土；三碧、四綠屬木；六白、七赤屬金；九紫屬火。要論斷吉凶，必須計算年、月、日、時飛星的五行生剋制化。吉星被剋洩，會削減其吉性；反之，吉星被生旺，則其吉性倍增。同理，凶星被生旺，凶性更顯；若被剋洩，則可減弱其凶性。

由於紫白九星每年、每月、每日、每個時辰，都在各個方位運行，因此，各方位的吉凶會隨九星的飛佈而有所改變。凡與方位有關的事情，如動土、安床、安神位、搬遷入宅、擺放風水物催吉或化解等，皆宜運用紫白九星擇日。如能按照相應的星，在適當的年、月、日、時做以上事情，必定事半功倍。

第八章　玄空風水學理之深入研究探討

第一節　二元八運與三元九運

元運的劃分有兩種，分別是「三元九運」及「二元八運」，二者皆以一百八十年為一大元運。三元九運較簡單，把一百八十年分上、中、下三元。上元六十年是一、二、三運，每運二十年；中元六十年是四、五、六運，每運二十年；下元六十年是七、八、九運，每運二十年。三元九運共一百八十年，週而復始，循環不息，坊間教授玄空飛星者，多據此法。

一運二十年

二運二十年

三運二十年

四運二十年

五運二十年

六運二十年

七運二十年

八運二十年

九運二十年

二元八運比較複雜。把一百八十年分為上下兩元，每元九十年，各分四運（沒有五運），以先天卦陽爻九年、陰爻六年來劃分：

一運坤卦十八年

二運巽到廿四年

三運離卦廿四年

四運兌卦廿四年

六運艮卦廿一年

七運坎卦廿一年

八運震卦廿一年

九運乾卦廿七年

玄空六法和易卦派風水主要用二元八運法。根據此法，二〇一七年已進入九運，讀者可根據九運卦象應世自行斟酌（筆者偏向運用三元九運法）。坊間有師傅認為，二元八運為天運，三元九運為地運，二者可配合使用。然而，筆者對同時運用兩種元運所知甚鮮，不敢妄言。下為二元八運與三元九運的對照表（表一）：

三元	元運	三元九運年份	二元	元運	二元八運年份
上元	一運	公元 1864 年至 1883 年	上元	一運	公元 1984 年至 1881 年
上元	二運	公元 1884 年至 1903 年	上元	二運	公元 1882 年至 1905 年
上元	三運	公元 1904 年至 1923 年	上元	三運	公元 1906 年至 1929 年
中元	四運	公元 1924 年至 1943 年	上元	四運	公元 1930 年至 1953 年
中元	五運	公元 1944 年至 1963 年			
中元	六運	公元 1964 年至 1983 年	下元	六運	公元 1954 年至 1974 年
下元	七運	公元 1984 年至 2003 年	下元	七運	公元 1975 年至 1995 年
下元	八運	公元 2004 年至 2023 年	下元	八運	公元 1996 年至 2016 年
下元	九運	公元 2024 年至 2043 年	下元	九運	公元 2017 年至 2043 年

表一：二元八運與三元九運對照表

第二節　再論正神與零神

第六章簡單介紹了正神和零神，然而，該章所論，只是皮毛，如將之配合飛星盤，方可進入玄空的堂奧。不少書籍或師傅認為，零正方和旺山向星見山水涇渭分明，必須分別論斷吉凶。其實，旺山星及向星在零正方見山水，亦可論斷其吉凶：向首在零神方，乃玄空「撥水入零堂」之大格局。零神水力量極大，同是旺山旺向，同樣向首見水，一在其他方位，一在零神方，八運乾山巽向與丑山未向的旺財程度便不可同日而語。筆者另一拙作《玄空風水心得（二）》：沈氏玄空學研究心得》中〈山上龍神下水〉一章對零正配合飛星有更詳細的討論。

《沈氏玄空學》①屢屢提及零正學理，又引用多個宅斷例子以供參考，大家可自行細閱，必有所得。沈公竹礽在《地理辨正抉要》②註《天玉經》提到：「現在二運，丑山未向為到山到向之局，向上有水，又為零神，其地無休咎矣。」根據正神、零神方位相對的理論，坤方是正神方，相對的艮方才是零神方，何以沈

①②輯入心一堂術數古籍叢刊・堪輿類・沈氏玄空遺珍

公說坤方才是零神？

沈公在另一章亦提到「三運離方為零神方」，但根據零正排法，離宮是九運的正神方（或一運的零神方），三運的零神方理應在兌方，是沈公文筆之誤嗎？筆者可肯定，沈公正確無誤，因為零神方另有判定之法。沈公亦在書中已透露玄機，諸位若能參透，定必有助拆解玄空秘局。

第三節　定元運

對於起「玄空飛星盤」運用那個元運，坊間學說有三：

一、根據入住元運

二、根據樓宅起造的元運（若根據蓋頂的時間起盤，將更準確）

三、根據當元運來起盤，七運時起七運盤，八運時起八運盤第一種學說以人為本，認為人入住後才能納氣，才有風水可言。無常派孫竹田《堪輿一覽·陽宅篇·屋運》章，主張以入住元運起盤。

坊間玄空師父多用第二種，即根據起造元運或蓋頂元運起盤。此法較嚴謹及符合邏輯數理。《沈氏玄空學》的案例均以此論為依歸。

最後一種方法簡單直接，但有一定的條件限制。

究竟那一種方法最準確？根據筆者的經驗，三種方法各有千秋，風水師必須視乎環境及樓宇結構決定最合適的起盤方法。觀筆者處理的數十個五、六運樓和數百個七運樓及八運樓個案（包括村屋、公屋、私樓、單層大屋），有宅主六運時入住，有宅主七運時入住，有宅主八運時入住，有的入住時適逢大裝修，有些在七運時勘察，有些在八運時勘察。筆者發現，不同情況要用不同的起盤方法，方能得出最準繩的推算。部分個案兩個元運的數理也應驗，愈進入該元運，該元運的影響力便愈大。

由此可知，風水學理隨環境時間而變。沒有「最準確」、「最正確」的理論。舉例而言，地舖大開中門，每日接觸當運平洋大氣，用第三種方法（據元運起盤）

三層爲金木相戰凶宜作五間五層或六層居之與旺又如艮坤宅以土爲主不宜作三間三層宜作五層四層七間九間以上入宅略舉一二以爲之例類而推之隨地隨時隨人之布置務使相生勿使背戾斯可矣如有不合式者俟行運到時或添設一層或添設側屋零數以爲之救則可轉凶爲吉也

凡屋之起運以入宅之日爲始空宅無運如居之已久而行至敗運者當大修作以振動之則從本宅重新起運照前行去而背之敗運已截住不行矣如宅

《堪輿一覽》，輯入心一堂術數古籍叢刊·堪輿類·無常派玄空珍秘，已出版。

最為準確。若勘察高樓大廈，則多以入住元運起盤；村屋別墅等入住前多作大維修，此類陽宅該以入住元運起盤。

風水以徵驗為準，不能墨守成規。三種方法沿用至今，足見其有一定可信性。其實，每一種風水學理也有其優勝之處，至於哪種方法最準確，則有賴風水師視乎不同情況，選用最適合的方法。因此，千萬不可否定任何派別的風水理論，理應兼收並蓄，靈活運用，方為上上之策。

第四節　定坐向

確定坐向，是玄空風水學非常重要的一環。找不到坐向，無法起飛星盤；坐向出錯，星盤亦錯，推算的吉凶當然大錯特錯。

量度陰宅的坐向相對容易，以墓碑面為「向」即可，如沒有碑面，則以棺木確定坐向。一般而言，以靠山一邊為坐，對面為「向」。至於金塔，以塔內骸骨鼻骨一方，是為「向」。

要判定現今的陽宅的坐向，比陰宅和古時的房子複雜得多。古時陽宅大多以大門為向，然現今陽宅的氣口通道五花八門，坐向難定。《沈氏玄空學．陽宅三十則》對確立坐向有新的詮釋：

屋向門向

「凡新造之宅，屋向與門向並重。先從屋向斷外六事之得失，倘不驗，再從門向斷之。若屋向既驗，不必復參門向。反之，驗在門向亦可不問屋向也！」

文中「新造之宅」，指的是晚清時建造的房子，屋向和門向已和古宅有所不同，現今陽宅的情況更為複雜。「納氣」是判定坐向的基本條件，可是現在的陽台、落地大窗、後門等都符合納氣的條件，出口繁多的商場更是四方納氣，要確定坐向，難上加難。

就筆者所知，定立坐向之法有以下幾種：

一、以山定向：陽宅後方貼近山，此宅以靠山一方為坐，對面為向。

二、以水定向：陽宅接近真水（海、湖、河），以近真水一方為向。

三、以街道定向：以向街道一方為向，如前後左右均有街道，則以最大、最繁忙的街道為向。

四、以明堂定向：樓宇旁有廣闊空地如公園、球場等，作明堂論，以之為向。

五、以大門定向：高樓大廈以其大門為向；分層單位以各自的大門為向。

六、以總入口定向：以大廈最多人使用的入口定向。

七、以面背定坐向：建築物的設計已明顯有前後之分（如香港半島酒店，見圖一）。

八、以門牌定向：有多個入口的大廈，以門牌所向之方位為向。

圖一：香港半島酒店

九、以窗定向：以單位內最多窗的一方為向。
十、以陽為向：以單位採光最多的方位為向，如陽台，後花園的玻璃門等。
十一、以納氣口為向：以該建築物起造時最清最純之納氣口為向，如走火梯。

上述哪種定向方法最為準確呢？實在不能一概而論，要視乎樓宇結構和附近的環境而定。舉例言之，在平洋龍的環境下，以樓宇大門為向或以陽為向，最為準確。

第五節　立極點、八卦九宮

上一章提及，房子的正中心是陽宅的立極點，可是，不同學派對立極點的定義各有不同。有的以入宅第一個空間之中心為立極點；有的利用室內氣口、通道來確定立極點；有的以床或辦工桌為陽基的立極點。然而，對於立極點或中宮，諸位有沒有想過：

◇中心點僅為一點，還是有一定範圍？

◇中心點在地上還是天花？

◇中心點會否隨室內間格變動?
◇中心點會否因風水佈局有所變動?
◇中心點等於中宮,還是在中宮裡面?
◇中宮有多大?和其他八宮面積相等嗎?
◇中宮也有地、天、人三山嗎?

風水雖是一門術數,但涉及多門科學,必須通過不斷的實踐豐富其學理。每有疑問,筆者定必不斷實踐尋求答案。例如一宅大門剛好落在兩卦之間,一卦大吉,一卦大凶,究竟是吉是凶?又該如何處理呢?在門的兩旁擺放不同的風水用品,或許可以催吉避凶,但筆者認為此法「治標不治本」,故有改變立極點,把大門改納吉的卦的大膽假設。有了「大膽假設」,接下來就要「小心求證」。當時筆者在公屋居住,所有單位均是長方形,面積坐向相若,一層過半單位門的位置相同,按此,各單位的中心立極點理應相同,大門為宅神,影響至巨,按此推論,大門同向的單位,吉凶理應相若,然而,根據筆者觀察,各單位的宅運差異甚大，有的很好，有的很差，有的吉凶參半。筆者再深入探究，發現間格和佈局相若的單位，宅運也相同！據此，筆者茅塞頓開，立極點並非固定的一點，可以透過間格或風水佈局改變。這個「假設」經過不斷求證、實踐，加上名師指點，最終得到證實（立極點必須在一定條件下才能改變，移動的範圍亦有限）。

玄空風水是一門靈活變通的學問，諸位切勿墨守成規。筆者絕無質疑先賢之意，先賢的知識和經驗固然重要，但時移世易，風水這門和生活息息相關的學問，有必要與時並進，方更完備。就以陽宅的灶廁為例，古時灶廁在宅外，現在的幾乎全在宅內，開放式廚房更「被迫」納入立極空間。因此，古賢灶廁之論，實難應用於現世。再者，灶廁建於室內，乃古人未見之問題，必須依靠當世風水學者按先賢之學調整演化，方能讓風水學理與時俱進，永垂不朽。

第六節 大、小太極

上一章提及陽宅以立極點分八卦九宮，陰宅則以碑為立極點，配合外巒山水或其所處位置論定吉凶。陽宅建於地上，受天心和氣流的影響較大，要判定一所住宅的吉凶，比陰宅繁複困難得多。就以「物物一太極理論」為例，要準確運用大、小太極，已非易事。一般做法如下：

以單位的陽基找出立極點，再以立極點的八方為大太極；宅內各臥室、浴室、廚房及雜物房等獨立空間再分別找出其立極點，據此八方為小太極。

宏觀的大立極，可以根據整個國家的八方，再配合山水論斷一國之衰旺，此法亦可用於判斷局部地區的吉凶。

小至一幢大廈，也可以利用坐向配合八方巒頭及其氣口論斷吉凶，大廈每層亦可視為一個太極，亦可分八個方位看個別單位的吉凶。類推下去，每個單位本身也是一個太極，單位內每個空間又可視為一個太極。部分風水師更以物件作立極點分八方斷吉凶，例如在睡牀中心分八方決定上牀下牀的位置，或以辦公桌作立極點分八方配合星盤、流星、動機位置等去斷事。請注意，必須以人長期所處的位置為立極點，方才湊效。

大部分風水師主張以兩層論太極，即單位陽基為大太極，單位內的獨立的間隔（如客廳、臥室等）為小太極。評論此法孰優孰劣前，諸位請思考以下問題：

一：大門位於大太極吉，小太極（客廳）凶的宮位，大門孰吉孰凶？

二：反之，大門位於大太極之凶位，小太極（客廳）之吉位，大門孰吉孰凶？

三：睡床位置於大太極為吉、小太極（臥室）為凶，睡床孰吉孰凶？

四：反之，睡床於大太極為凶、小太極（臥室）為吉，睡床孰吉孰凶？

五：睡床大、小太極的宮位重疊，如何論吉凶？

六：臥室在大太極的吉位，但臥室門在小太極之凶位，此臥室孰吉孰凶？

七：臥室在大太極凶位，但臥室門在小太極之吉位，此臥室孰吉孰凶？

綜合玄空風水宗師蔣大鴻先生論陽宅的著作，可知大小太極運用的原理、宮位內的飛星數及飛星數的影響力，皆據不同情況有所不同：

「試問門開何地，乃知氣入之源。細分內室何方，始定歸根之路。」

「總門統一家之隆替，房門辨夫婦之安危。別有男女弟昆，驗分居之房門。」

「須用門門都合吉，一家福祿永無憂。三門先把正門量，後門房門一樣裝。」

「一到分房宅氣改，一門常作兩門推。有時內路作外路，入室私門是握機。當辨親疏并遠近，抽爻換象出神奇。」

「夫婦內房尤特重，陰陽配合宅根源。」

「墓氣從地，宅氣從門，門旺路吉，出入亨通，財丁兩盛，其樂融融，門旺宅衰，亦不為凶。宅旺門旺，連發可決，宅旺門衰，其法乃歇。」

「正門雖九便門三，此宅元元失主垣：只有分房親切處，一枝花發一枝寒。」

「陽基形勢貴量裁，僕妻兒孫各有房：一步一星隨地變，門窗街路要推詳。」

第七節　七星打劫之秘

《沈氏玄空學》卷一〈自得齊地理叢說・論七星打劫〉章「曹秋泉問」一節引章氏仲山後人「三運丙山壬向、午山子向均能打劫」。此說和沈氏七星打劫的原理似乎有所出入（詳參本書第六章）。三運午山子向雙星到坐，理應不是打劫局，三運丙山壬向方為打劫局，沈氏視之為坎宮「假打劫」局。沈公從章氏後人《宅斷》一書悟玄空飛星之術①，可知沈氏並非通過正統傳承得玄空之訣，反觀

①心一堂按：《宅斷》，即《仲山宅斷》，是沈竹礽（一八四九—一九零六）於【清】光緒戊寅（一八七八年）去尋訪章仲山後人，以重金借抄得章仲山秘本《陰陽二宅錄驗》後，再整理節錄，改名《仲山宅斷》。沈氏通過《宅斷》，悟出玄空飛星之術。《宅斷》後來又經門人修訂後，輯入《增廣沈氏玄空學》。

清代無常派玄空宗師章仲山最著名宅案秘本是《臨穴指南》及《二宅玄機》。一直秘傳二百多年，直至近年才由虛白廬主人將秘本公開，委託心一堂獨家出版。通過對比沈竹礽節本《仲山宅斷》與《臨穴指南》、《二宅玄機》二書，當時沈氏重金借抄的《陰陽二宅錄驗》，當是《二宅玄機》《臨穴指南》二書的合訂節錄本（只節錄原來《臨穴指南》及《二宅玄機》的部份案例）。

《仲山宅斷》，是沈氏破譯無常派玄空秘訣的關鍵，在沈氏門人中一直秘傳幾種鈔本及批點本。《增廣沈氏玄空學》只是其中一個版本。心一堂又出版了另外四種秘傳版本，其文句、圖例都有不少異文，又有不少批點，當是沈竹礽弟子間門內流傳的秘本。讀者再參考及章仲山秘本如：《臨穴指南》、《二宅玄機》（輯入心一堂術數古籍叢刊・堪輿類・無常派玄空珍秘，已出版）等，當可了解及破譯沈氏玄空及無常派玄空奧秘。

章氏傳承地仙蔣大鴻一脈。再者，沈氏提出的「離宮真打劫」及「坎宮假打劫」，除《沈氏玄空學》外，未有先賢著作曾經述及，可謂前無古人。

筆者並非質疑沈氏七星打劫之真確性，旨在指出章氏後人所言，值得深究。三運午山子向是打劫局，雙星到坐同樣是七星打劫。風水講求巒頭理氣配合，理氣星盤屬七星打劫，然巒頭不合，則不成局。沈氏認為七星打劫局理氣要雙星到向，水火中天過，巒頭要向首、父母三般卦宮位及紫微、八武皆通，方才成局。假若依章公傳人所言，雙星到坐也可以的話，巒頭要怎樣配合？坐後是否要見山？父母三般卦宮位及紫微、八武又作何論？欲深究者，可詳參心一堂出版心一堂術數古籍叢刊　堪輿類　無常派玄空珍秘系列。①

①心一堂術數古籍叢刊・堪輿類・無常派玄空珍秘系列，已出版書目：
・堪輿一覽
・章仲山挨星秘訣（修訂版）
・臨穴指南（虛白廬藏本）
・章仲山宅案附無常派玄空秘要
・《蔣子挨星圖》　附《玉鑰匙》
・宅運撮要

·章仲山秘傳玄空斷驗筆記　附章仲山斷宅圖註
·章仲山門內秘傳《堪輿奇書》　附《天心正運》
·批注地理辨正直解
·天元五歌闡義》　附《元空秘旨》（清刻原本）
·心眼指要（清刻原本）
·華氏天心正運
·批注地理辨正再辨直解合编（上）（下）
·章仲山注《玄機賦》《元空秘旨》　附《口訣中秘訣》《因象求義》等九種合刊
·章仲山門內真傳《三元九運挨星篇》《運用篇》《挨星定局篇》《口訣篇》等合刊
·章仲山門內真傳《大玄空秘圖訣》《天驚訣》《飛星要訣》《九星斷略》《得益錄》等合刊
·章仲山嫡傳《翻卦挨星圖》《秘鈔元空秘旨》附《秘鈔天元五歌闡義》
·章仲山嫡傳秘鈔《秘圖》《節錄心眼指要》合刊
·《談氏三元地理大玄空實驗》　附《談養吾秘稿奇門占驗》
·《談氏三元地理濟世淺言》　附《打開一條生路》
·三元大玄空地理二宅實驗（足本修正版）
·《二宅玄機》二種（《陰陽二宅錄驗》）附《臨穴指南節錄本》《青囊總秘要訣》【原（彩）色版】
·談氏三元地理大玄空路透（原版足本）
·《蔣氏易盤圖解》《蔣氏秘要立成》《辨正溫氏續解》《張清湛地理正宗》合刊（原（彩）色本）
·批注地理合璧附玄空真訣（一）（二）（三）（四）

T

8 7 二	3 3 七	1 5 九
9 6 一	7 8 三	5 1 五
4 2 六	2 4 八	6 9 四

↓

圖二：三運午山子向

T

6 9 二	2 4 七	4 2 九
5 1 一	7 8 三	9 6 五
1 5 六	3 3 八	8 7 四

↓

圖三：三運丙山壬向

第八節　四大秘局

《天玉經》提及玄空四大秘局：

乾山乾向水朝乾，乾峰出狀元，

卯山卯向卯源水，驟富石崇比，
午山午向午來堂，大將值邊疆，
坤山坤向水流坤，富貴永無休。

不同的派別對「四大秘局」各有詮釋，略引如下：

「此卷自以乾坤震離分陰陽二局，其他倣此乾山向上水朝乾，而朝峰大高方出狀元，非乾山又作乾向也，或曰此回龍顧祖第一大地之格，如玄女問天大卦亦是此意。」

「此亦用卦之另一格，如一運收坤龍，有訟卦泰卦在乾宮，否山外二爻屬乾，謂之天地交泰，真三元不敗之大地也，此局變化無窮，理法愈秘，下三句倣此，當與坤壬乙一節，《寶照經》子癸午丁三節參看。」

「乾山者，乾運卦內之山也，乾向者，乾運卦內之向也，乾水乾峯者，水亦乾運卦內之水，峯亦乾運卦內之峯也，然非坐水之說，其訣可以一語破者，向上水上之星，即山上之星也。」

「乾山乾向、坤山坤向者，非地卦之乾、坤，乃天卦之乾、坤也；一指六運，一指二運。有乾山，而後有乾向。有坤山，而後有坤向。乾水、坤水者，氣得其用耳。氣得其用，是有此應。故此句重在得山、得水，不重在某山某向也。非指坐山、向首兩卦言，乃指坐山或向首一卦言之也。」

「此明玄空大卦，向水兼收之法，舉四山以例其餘，皆卦內之清純者也，乾宮卦內之山，作乾宮卦內之向，而收乾宮卦內之水，則龍向水三者俱歸生旺矣，非回龍顧祖之說也，或云狀元，或云大將，或云驟富者，亦錯舉以見意，不可拘執。」

「乾山乾向水朝乾云云，即一卦純清。純清即章氏屢言之『三般卦』，亦即所謂三吉，再詳言之，即『三陽六秀』。」

閱畢以上注解，想必依舊不明所以。沈公竹礽對《四大秘局》有以下見解：

「乾山乾向水朝乾，乾峰出狀元，此指二、八運中之乾巽、巽乾。坤山坤向水流坤，富貴永無休，此指四、六運中之艮坤、坤艮。卯山卯向卯源水，驟富石崇比，此指三、七運中之卯酉、酉卯。午山午向午來堂，大將值邊疆，此指五運中之子午、午子。」

「乾字，乃一代名詞也。如現在三運卯山酉向，三到山，三到向，城門飛星亦三，八國盤上飛星亦三，此所謂乾山、乾向、乾水、乾峯也，餘類推。」

「此言到山到向之局，而向上又有水，龍向水三者，皆得生旺，章解云，然非坐水之說，其訣可以一語破者，向上水上之星也，其說允。乾卯午坤，指四正卦天元言，然須到山到向水得零神，四孟之地元，四仲之人元，亦可類推。乾山乾向，卯山卯向，坤山坤向，皆可挨排得之，惟午山午向，則無其局，於是可知乾卯午坤，係一代名詞爾。只要旺星到山，旺星到向，向上又有水，是謂乾山乾向水朝乾是也。乾山乾向水朝乾，以零神論，六運之乾山巽向是。卯山卯向卯源水，七運之酉山卯向是。用替卦，三運之子山午向兼壬丙、或兼癸丁，亦是卯山卯向卯源水，因離上天盤為七，七為三之零神也，餘類推。」

沈公認為，旺山旺向、向上見水即合局，並以向的線位推論乾、卯、午、坤。相對沈公宏觀的解釋，楊公則認為四大秘局有發文貴、發富、發武貴、發富貴等特定因素。近賢台灣堪輿大師鍾義明對楊公之說，有以下結論：

「乾六卯三午九坤二，楊公何以不按星序？何以舉坤二與乾六『相對』？」觀鍾大師此問，可知他已掌握破解四大秘局之鑰匙。

乾、坤乃四偶宮位，午、卯為四正宮位，乾、卯、午、坤皆是天元卦，而乾、卯、午則為三般卦宮位——上述皆為拆解四大秘局之關鍵。章公仲山在其著作《臨穴指南》（圖四）（圖五）①提及三運午山子向為卯山卯向卯源水之局，諸位若能洞悉其秘，其餘三局也就迎刃而解，可謂真正掌握玄空之學。

①無常派秘本章仲山《臨穴指南》二個版本：《臨穴指南》（虛白廬藏本）及《《章仲山家傳《二宅玄機》附《臨穴指南》》（虛白廬藏本），輯入心一堂術數古籍珍本叢刊・堪輿類・無常派玄空珍秘，已出版。

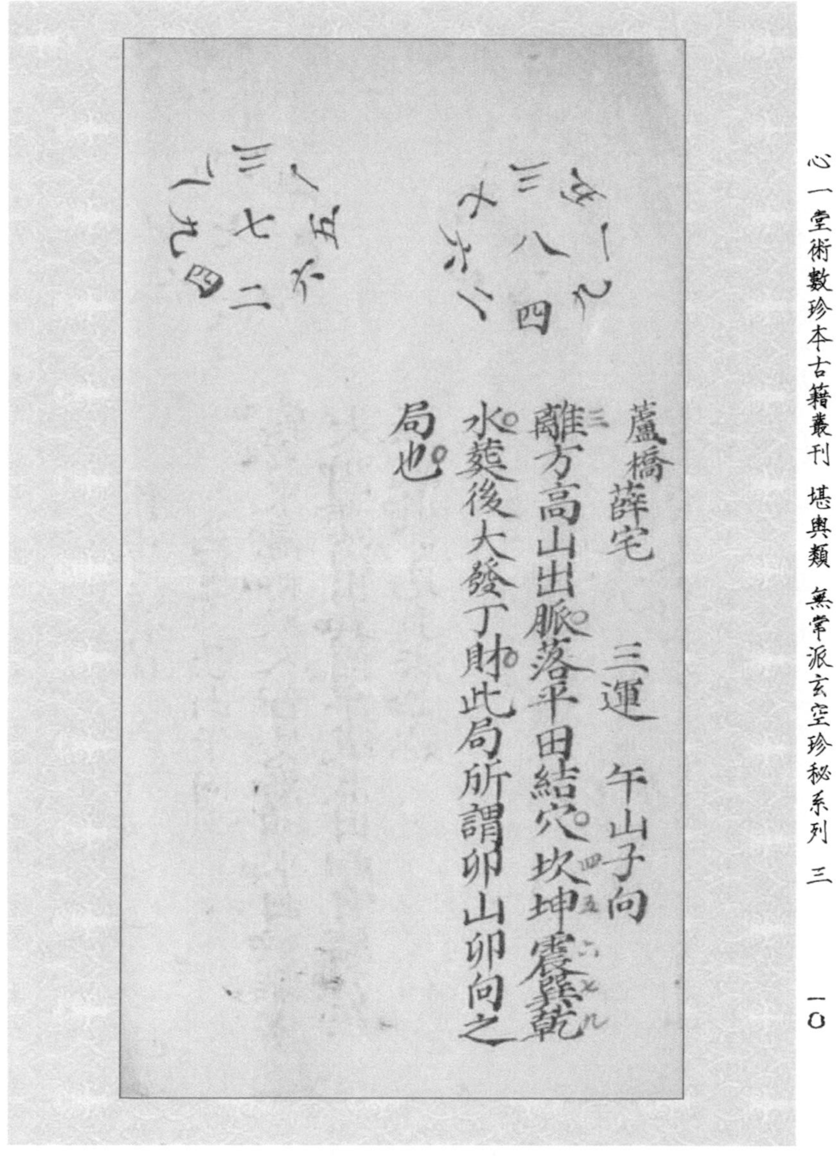

蘆橋薛宅　三運　午山子向
離方高山出脈。落平田結穴。坎坤震巽乾水。葬後大發丁財。此局所謂卯山卯向之局也。

（圖四）無常派秘本章仲山《臨穴指南》(盧白廬藏本)中三運午山子向為卯山卯向卯源水之局；輯入心一堂術數古籍珍本叢刊·堪輿類·無常派玄空珍秘。

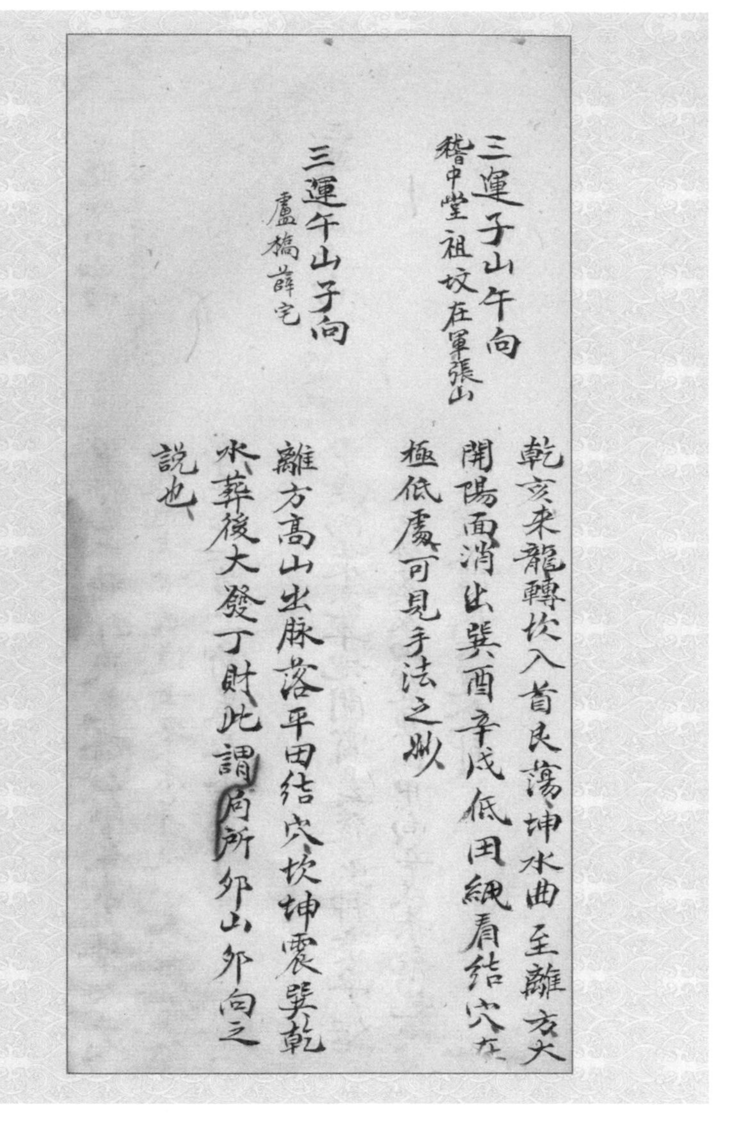

章仲山家傳《二宅玄機》附《臨穴指南》節錄本（虛白廬藏本）　八三

三運子山午向
稽中堂祖坟在單張山

三運午山子向
盧橋薛宅

乾亥来龍轉坎入首艮蕩坤水曲至離方大
開陽面消出巽酉辛戌低田細看結穴在
極低處可見手法之妙

離方高山出脉落平田结穴坎坤震巽乾
水葬後大發丁財此謂局所卯山卯向之
說也

（圖五）無常派秘本《《章仲山家傳《二宅玄機》附《臨穴指南》》(虛白廬藏本)中三運午山子向為卯山卯向卯源水之局；輯入心一堂術數古籍珍本叢刊·堪輿類·無常派玄空珍秘。

氣無異中宮之氣故也諺所謂雪中送炭錦上添花者城門兩有之故經有城門一訣最爲良之讚美然城門輪到衰死之星則亦不免凶耳

水法

旺向逢水即爲旺水苟無通流或有而不見則其力薄此天玉經所以有龍要合向向合水以致其叮嚀之意也但旁水得令映照切近則亦不亞於向上旺水此言水之用而其體亦殊多美惡屈曲流神名曰御街一卦清純謂之三陽二者皆體之上格均主貴秀若斜飛直射反弓無情水之所忌裏頭割脚出卦斬頭縱發不久凡此皆水法所不取亦即非龍眞穴的之顯徵平洋以水證龍體用得失背關吉凶顧不重歟但八國有水而無峯相配其氣散漫亦主有財無丁如六運立戌山辰向水神一到離九到坎離方有水與向首合一六共宗名催官水若更有坎方高峯相配力加十倍無峯力輕此取山水相對其中蓋有精義存焉

（圖六）《增廣沈氏玄空學附仲山宅斷秘繪稿本三種、自得齋地理叢說稿鈔本》，輯入心一堂術數古籍叢刊·堪輿類·沈氏玄空遺珍，已出版。

第九節　力大十倍

《增廣沈氏玄空學》卷五《玄空輯要》〈水法〉中論及「力加十倍」之義（圖六）內文提到的星盤如下（圖七）

6 6 五	2 1 一	4 8 三
5 7 四	7 5 六	9 3 八
1 3 九	3 9 二	8 4 七

圖七：六運坐戌向辰

另《章仲山挨星秘訣》（見心一堂術數古籍珍本叢刊第一輯）（圖八）亦有提及「力加十倍」，其例與《沈氏玄空學》同，另有一例以九運解釋。章仲山無常派其他門人秘本中，如：《章仲山門內秘傳《堪輿奇書》附《天心正運》》（圖九）、《章仲山秘傳玄空斷驗筆記 附 章仲山斷宅圖註》（圖十）、《章仲山門內真傳《大玄空秘圖訣》《天驚訣》《飛星要訣》《九星斷略》《得益錄》等合刊》（圖十一）等秘本，也有提及類似口訣。

內文提到的星盤如下（圖十二）

3 6 八	8 1 四	1 8 六
2 7 七	4 5 九	6 3 二
7 2 三	9 9 五	5 4 一

圖十二：九運坐午向子及坐丁向癸

章公、沈公均清楚指出，巒頭理氣相配極為重要，且力量極大。「十倍」意謂力量的遞增，並非準確的十倍之數。很多師傅為陽宅佈局時，雖在宅內置水催財，卻未見成效。若善用「力大十倍」的原理，便事半功倍，功效立竿見影。諸位可從生成數、宮位、山水相對等參透箇中要義，悟出善用「力大十倍」之法。

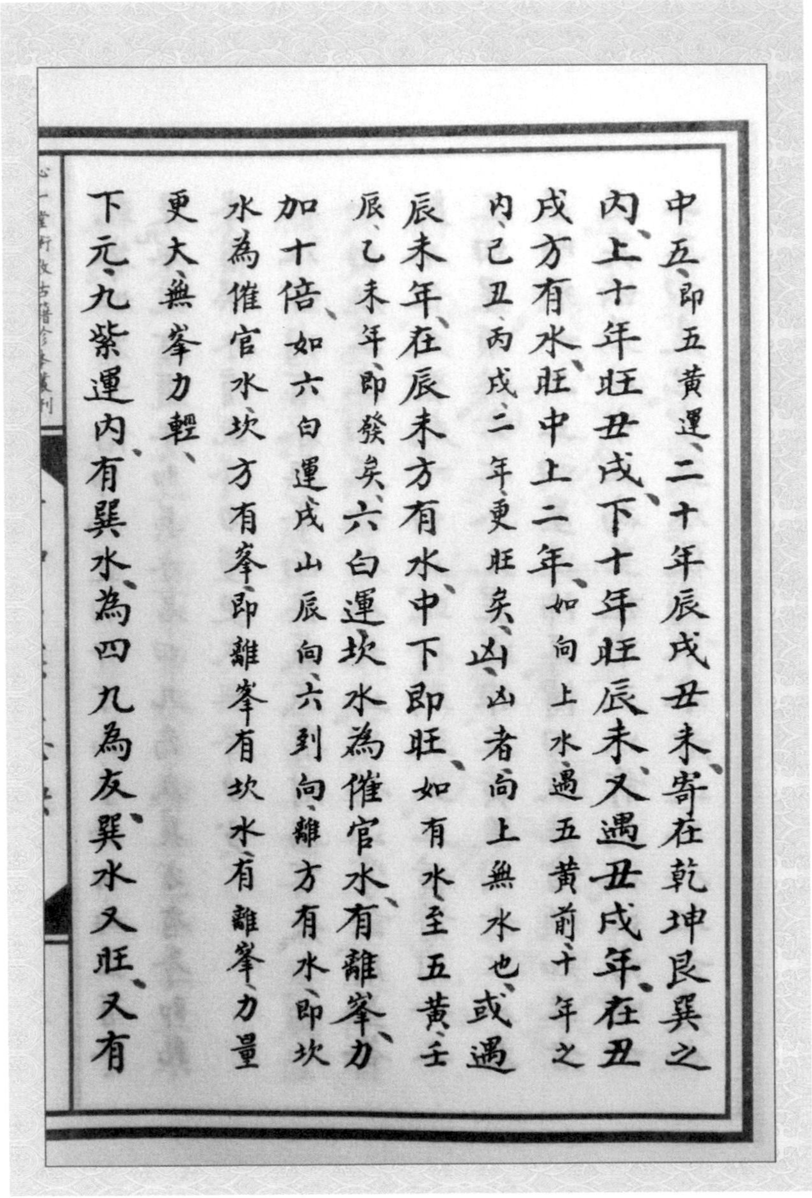

中五即五黃運二十年辰戌丑未寄在乾坤艮巽之內上十年旺丑戌下十年旺辰未又遇丑戌年在丑戌方有水旺中上二年如向上水遇五黃前十年之內己丑丙戌二年更旺矣凶山者向上無水也或遇辰未年在辰未方有水中下即旺如有水至五黃壬辰乙未年即發矣六白運坎水為催官水有離峯力加十倍如六白運戌山辰向六到向離方有水即坎水為催官水坎方有峯即離峯有坎水有離峯力量更大無峯力輕

下元九紫運內有巽水為四九為友巽水又旺又有

（圖八）《章仲山挨星秘訣》，輯入心一堂術數古籍叢刊・堪輿類・無常派玄空珍秘，已出版。

陰逆即(將)向上之星入中飛去為天盤準用地盤上飛五黃到向五黃無位將向上陰
陽為順逆五黃入中當令乘時伏吟不忌反吟不忌
如六白運用乾山巽向即順局為伏吟六白運用戌辰即逆局為反吟（註一白在一白宮為伏吟一白在九紫宮為反吟）
中黃二十年辰戌丑未寄在乾坤艮巽內上中十年旺丑戌下中十年旺辰未又遇
丑戌年有水旺上中二年辰戌遇辰未年下中即旺六白運坎水為催官水有離峯
力加十培下元九紫運有巽水為四九為友巽水又旺又有乾峯力加十培無峰少
力八宮同有此水無風即無氣有財無丁矣
甲庚丙壬寅申巳亥乾坤艮巽屬陽順排
乙辛丁癸子午卯酉辰戌丑未屬陰逆挨

（圖九）虛白廬藏本《章仲山門內秘傳《堪輿奇書》附《天心正運》》，輯入心一堂術數古籍叢刊·堪輿類·無常派玄空珍秘，已出版。

地盤從順將所葬之年何運入中順飛到向上得何星卦看陰陽而
定陽順陰逆即將向上之星入中飛去為天盤準用地盤上飛五黃到向
五黃無位將向上陰陽為順逆五黃入中者今之乘時伏吟反吟不忌
如六白運運用乾山巽向即順局為伏吟六白運用戌辰辰即逆局為反吟
註 一白在一白宮為伏吟 一白在九紫宮為反吟 中元二十年辰戌丑未寄在乾巽坤艮巽向上中
十年旺丑戌下中十年旺辰未又遇丑戌年有水旺上中二十年凶或遇
辰未年下中即旺　六白運坎水為催官水有壽峯力加十倍下元
九紫運有巽水為四九為友巽水又旺大有乾峯力加十倍其峯為
八宮同有此水其峯即其氣有財其丁矣

（圖十）虛白廬藏本《章仲山秘傳玄空斷驗筆記 附章仲山斷宅圖註》，輯入心一堂術數古籍叢刊·堪輿類·無常派玄空珍秘，已出版。

掌上飛宮訣

中黄二十年辰戌丑未寄在乾坤艮巽丙上中十年旺丑戌下中十年旺辰未又遇丑戌年有水旺上中二十年凶或遇辰未年中下即旺六句運有坎水為催宫水有離峰力加十倍（此句有悞九逢六丙長房有血癌何得離峰力加十倍）下元九紫運有巽水在九紫運内為四九為友又有乾峰力加十倍無峰少力八宫有水無峰為無氣此處有一乾字則有財無丁矣此即不却

陰陽順逆妙難窮
吉凶過半在飛宮
若能了達陰陽理
天地都來一掌中

坤二 兑七 乾六
離九 中五 坎一
巽四 震三 艮八

歌曰

中宫飛出乾
却與兑相連
艮離尋坎倍
坤震巽同安

（圖十一）《章仲山門內真傳《大玄空秘圖訣》《天驚訣》《飛星要訣》《九星斷略》《得益錄》等合刊》，輯入心一堂術數古籍叢刊·堪輿類·無常派玄空珍秘，已出版。

第十節　一卦純清

基礎風水學如九宮飛泊、八宅等，以八個方位確定坐向，再分八方九宮來推算吉凶。玄空飛星派風水比較仔細，細分二十四山來確定坐向後起挨星盤。玄空飛星盤亦分八卦九宮，一般玄空師以八方卦內飛星配合巒頭決定吉凶，每一卦包含地、天、人三山。雖然一卦內三山星曜相同，但從理氣層面來說，每一卦山的力量各異。玄空風水之「一卦純清」，說的正是「一卦三山」之秘。

陰宅之「一卦純清」清晰直接，八方外巒山水「的」位在坐向同元龍山向，就是「一卦純清」；以地元龍坐向為例，其外巒在水口，來龍在八方的地元龍卦山上，便屬純清位；假若在天元龍或人元龍，就不是純清位了。

陽宅之「一卦純清」則非常複雜。由於陽宅立於地上，受時間流動「天」氣之影響，二十四山的陰陽，皆受時間支配。例如同一坐向的大廈，在不同元運建成，其三山陰陽或有不同。要準確計算陽宅的純清位，必須得知坐向元龍和每卦山陰陽的清淨度是否相合。二十四山在元旦盤中有陰陽之分，建造陽宅的元運裏二十四山皆有其陰陽。現在的元運（天心之運）也有其二十四山陰陽，流年是時間系统，每年流年星流入八方，又會影響二十四山陰陽的計算方法，卦內的純清位亦因此有所轉變。在陽宅之純清位上置放風水物品催吉或化煞，其效倍增。

對於陽宅的風水佈局，坊間書籍及文獻大多以八方九宮為依歸，提及「一卦純清」的，也僅涉及陰宅的計算方法。偶有功力深厚者，會配合天心正運計算，然而，真正懂得運用「一卦純清」為陽宅佈局之堪輿師，屈指可數。

註：有關「一卦三山」，諸位可詳參筆者拙作《玄空風水心得二》。

第十一節　五鬼運財

「五鬼運財」是風水學上的專有名詞，顧名思義，是一種催財之法。不同派別各有不同的「五鬼運財」論，玄空飛星派之五鬼運財則較隱秘，演繹之法多樣，乃催財之秘法。五鬼即五黃，五黃於玄空飛星學理而言，乃至大至尊之星曜。沈公竹礽之所以被尊為一代玄空大師，正因為他破解了五黃入中之秘。《沈氏玄空學》對五黃有以下論述：

◇凡天盤之五黃，即零神之方位。
◇向星五黃入中名為皇極居臨正位，至大至尊，有逢囚不囚之功。
◇五為皇極，皇極居中，順則靜而為伏吟，逆則動而為合十。
◇五宮廉貞，位鎮中央，威揚八表。
◇中為建極之基，有天子之尊，司萬物之命。
◇五黃無正位，分寄於二十四山之理。

在此分享其中一種五鬼運財法。得運星五黃飛到向首左右兩宮，此宮必須理氣城門，配合外巒見真水放光，即成五鬼運財局，主大發財源。此法之訣竅，在於零神和城門之配合。零神，即每運運星五黃飛臨的方位，零神見水，或城門見水，本已主財，若同一方位同時坐擁兩種催財力星，其力之大，可想而知。

向星五黃是中宮向星的外宮替身，「化囚」正建基於此。「五黃」至大至尊，「尊」即氣，即能量。五黃的力量和作用有別於其他星曜，《沈氏玄空學》中有例子說明其獨特之處：「凡立出卦向，如向首入中，其飛星輪轉之五黃適臨所兼宮位，例如一白運立坐亥向巳兼壬丙一局（圖十三），即運星一入中九到向，九即丁陰逆行，仍九入中，一到向，五黃挨到離位，即可用巳兼丙之向也。」

9 1 九	5 5 五	7 3 七
8 2 八	1 9 一	3 7 三
4 6 四	6 4 六	2 8 二

圖十三：一運坐亥向巳兼壬丙兼卦

坐亥向巳兼壬丙為出卦向，於玄空風水而言，乃大凶之向。可是，此局離宮五黃排到，即使是大凶的出卦，亦可兼而用之；倘若飛臨的是其他星曜，則棄用為宜。由此例可證，五黃為皇極，有別於其他星曜。再者，此局如離方見水，亦屬「五鬼運財」之局。

4 1 七	9 6 三	2 8 五
3 9 六	5 2 八	7 4 一
8 5 二	1 7 四	6 3 九

圖十四：八運坐坤向艮

向星五黃飛到向首，章仲山稱之為「五里山」，乃玄空學秘中之秘。八運坐坤向艮（圖十四），向首向星五黃飛到，如向首見水，即成五鬼運財大局。此例和「父母三般卦之秘」①息息相關，若能參透箇中玄機，可登玄空之堂奧矣。

①相關內容敬請詳參筆者拙作《玄空風水心得》。

第十二節　玄空命卦

坊間對玄空風水命卦所言甚鮮，近代有玄空風水師在其著作中提到：

「玄空命卦的配位使用方法，可用於宮位方面。例如有一宮位，犯火燒天門，六九兩星相尅。玄空五行九紫火星尅玄空五行六白金星。如有六白命人於此作息，則犯命宮被燒尅之事，久居者，丁財兩退。」

《三元大玄空地理二宅實驗》有多個命卦尅應的例子，例如：卷一〈水命兒七個死因〉（圖十六）（圖十七）

宅為亥山巳向三運，小兒是戊午年一白男命，歿於己未年十月初九日卯時，其七個死因拆解如下：

一：年命值宅上山星受尅之方

二：住於坤方受尅之方
三：氣口坎九七火星同宮，火助忌神八土之威
四：己未年，九紫入中，五黃催命惡曜到氣口坎宮
五：十月五黃入中，二黑病符到小兒臥室
六：丙戌日，二黑入中宮，八土又到坤方助虐
七：卯時九入中，五黃又到坎方內路氣口

3 1 二	8 6 七	1 8 九
2 9 一	4 2 三	6 4 五
7 5 六	9 7 八	5 3 四

圖十五：三運亥山巳向連宅圖

公興雜貨號。係厚生紗廠職員集資所辦。民國十二年孟夏。因職員有解散之勢。此店關門。秋間又開。限期廉價。欲將底貨脫售。顧客甚少。未幾又閉歇。該號無後路。故向盤旺星到坤。雖有實無。猶幸大門走著一點生氣。然不敵蘭路北首冲來七赤破軍死氣。癸亥即民國十二年上元末年流年五入中。六到乾。破軍死氣得六金助威。成了交劍煞。四綠生氣自然無濟。且流年八到向。洩宅神九火之氣。遂致絕望。

詩曰　嗟彼公興雜貨號。可憐生路遇軍刀。指七赤破軍也癸亥流星洩向氣。閉門兩度不輕饒。

水命兒七個死因

上海華德路德大里穆宅。於民國七年戊午添一男丁。名七官是年一白值年。以故此兒爲一白水命。兒極清秀聰慧。人咸愛之。但該宅坐山飛星一白到坤。受向星八白土尅制。此兒本不宜居於此宅。且偏偏隨着乳媼住於右邊一間。一白受尅之方。民國八年己未。九紫入中。五黃到內路行動之坎宮。十月五黃入中。二黑病符到小兒臥室一方。於是月得重病。歿於初九日卯時。初九丙戌日。日白二黑入中宮。八土又到坤方。時白卯時九入中•五黃又到內路活動之方。遂致不起。年命值宅上山星受尅之方。爲致殤一因。住於受尅

宅運新案　三五

（圖十六）虛白廬藏本《三元大玄空地理二宅實驗》，輯入心一堂術數古籍叢刊•堪輿類•無常派玄空珍秘，已出版。

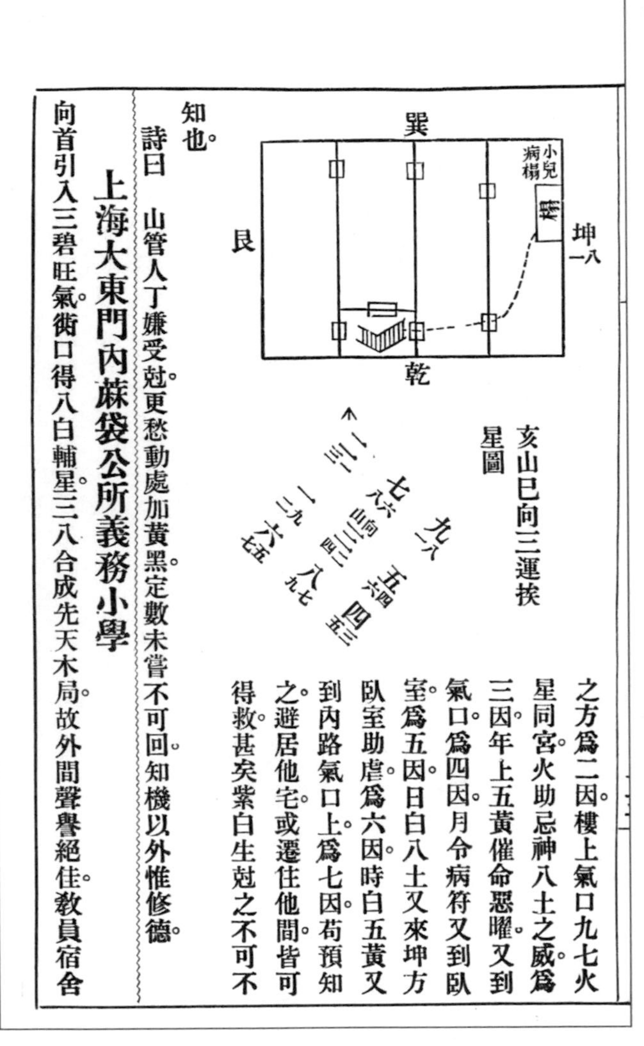

之方爲二因。樓上氣口九七火星同宮。火助忌神八土之威。爲三因。年上五黃催命惡曜。又到氣口。爲四因。月令病符又到臥室。爲五因。日白八土又來坤方臥室助虐。爲六因。時白五黃又到內路氣口上。爲七因。苟預知之。避居他宅。或遷住他間。皆可得救。甚矣紫白生尅之不可不知也。

亥山巳向三運挨星圖

詩曰　山管人丁嫌受尅。更愁動處加黃黑。定數未嘗不可回。知機以外惟修德。

上海大東門內蔴袋公所義務小學

向首引入三碧旺氣。衖口得八白輔星。三八合成先天木局。故外間聲譽絕佳。教員宿舍

（圖十七）虛白盧藏本《三元大玄空地理二宅實驗》，輯入心一堂術數古籍叢刊·堪輿類·無常派玄空珍秘，已出版。

《漢鏡齋堪輿小識》（圖十八）對命卦（命宮）有較詳細的論斷。

「男女命宮，原本紫白，故命宮與玄空，實有密切之關係焉。墓宅九宮飛星，如墓之坐向中宮（旁宮減等），宅之門、灶、床位，恰值飛星相尅，其受尅之飛星，即為男女命宮之星，此人便有不利。再值年月紫白飛到該宮，尅星加臨，凶禍不免。」

書內亦舉了一陽宅例子，拆解如下：

某宅三運子山午向，離方大門常閉，出入均走震方門，門星九火尅六金。床安乾宮之乾方，火金相尅，且犯伏吟。

宅主上元戊辰年生，屬六白金命，乾為老父，亦屬宅主，住後多病，幾危殆。勸開離門，塞震門，後門改在艮方，床移至乾宮艮方，房門開巽方，不久病愈。

註：宮星受尅，當旺無妨，衰死則凶，山上飛星受尅者尤凶。

不可安竈火門。亦不可向此宮。犯之定主火災。其餘諸宅。依此類推。

例六運子山午向陽宅

午向

一 二 五	六 六 一	八 四 三
九 三 四	二 一 六	四 八 八
五 七 九	七 五 二	三 九 七

子山

男女命宮

男女命宮原本紫白。故命宮與玄空。實有密切之關係焉。墓宅九宮飛星。如墓之坐向中宮。（旁宮減等）宅之門灶床位。恰值飛星相剋。其受剋之飛星。即爲男女命宮之星。此人便有不利。再值年月紫白飛到該宮。剋星加臨。凶禍不免。茲附男女命宮推定方法。并舉實例說明如

（圖十八）虛白廬藏本《漢鏡齋堪輿小識》，輯入心一堂術數古籍叢刊（第一輯）·堪輿類·沈氏玄空遺珍，已出版。

7 8 二	3 3 七	5 1 九
6 9 一	8 7 三	1 5 五
2 4 六	4 2 八	9 6 四

圖十九：三運子山午向

歸納坊間文獻，可知九星命卦必須配合山星及向星（尤重山星）以到中宮、大門、房門、床、灶來論斷。如為相尅組合，被尅之星為命卦，則凶。

一白命：12、21、15、51、18、81

二黑命：23、32、24、42

三碧命：36、63、37、73

四綠命：46、64、47、74

六白命：69、96
七赤命：79、97
八白命：83、38、84、48
九紫命：91、19

玄空命卦之術還有很多訣竅，命卦與星盤息息相關，讀者欲深究命卦之秘，可留意筆者日後之玄空著作。

第十三節　飛星斷事

三元玄空飛星近年大行其道，學習者眾，成為風水學主流，究其原因，是因為其斷事準確非常。一位經驗豐富的玄空師，甫進住宅，即可根據住宅的坐向、佈局、宅內人命卦等資料，論斷住宅的過去和未來，甚至能夠精確指出某人某時會有血光之災或升職等。

不諳風水者，或許對此嘖嘖稱奇，但研究三元玄空者則見怪不怪。三元玄空風水有「雙星斷事」這種獨門學理，其原理是：以八卦宮內所挨排到之九星配合九星星情、元運得失、內外巒頭，再比較兩顆星的五行生剋，據此論斷將會發生的事。

《玄空秘旨》、《玄機賦》、《紫白賦》及《飛星賦》，乃三元玄空風水四大經典，內容以玄空挨星斷訣為主（如星卦、雙星斷事等），奧旨頗多，乃研習玄空風水者必讀之書。上述四部經典皆收錄於《沈氏玄空學》，沈公之子沈祖緜（瓞民）為其作注（即《玄空古義四種通釋》），以上古籍皆見心一堂術數古籍叢刊・堪輿類・沈氏玄空遺珍。①

觀坊間中、港、台玄空書籍，很多也將兩粒飛星碰撞後發生的事情列出，一般以宮內山星配向星，以兩星其九星星情反五行生剋去推斷一發生的事，筆者收集其資料並將發生的事情分了吉及凶，整理後列出以下八十一種組合供讀者參考：

① 心一堂術數古籍叢刊・堪輿類・沈氏玄空遺珍，已出版書目：《地理辨正抉要》、《玄空古義四種通釋 地理疑義答問 合刊》、《沈氏玄空吹虀室雜存 玄空捷訣 合刊》、《漢鏡齋堪輿小識》、《增廣沈氏玄空學附仲山宅斷秘繪稿本三種、自得齋地理叢說稿鈔本》（上）（中）（下）、《沈氏玄空挨星圖》《沈註章仲山宅斷未定稿》《沈氏玄空學（四卷原本）合刊》（上中下）、《八風考略》《九宮撰略》《九宮考辨》合刊

雙星交會

11——坎為水

吉：出門旅遊，聰明，發橫財，出神童，錢財富厚，大旺丁財，＋9生美男。

凶：桃花，犯賊險，墮胎，耳、腸、腎、血之疾，見凶水主意志消沉，喜夜生活，喜看四級片，中耳炎，耳水不平衡，婦科病，生殖器官病，無智慧，嚨啞，膀肛病，性病，自殺，心理病，性情下定，夭折，婦女短壽，水厄，心病，少年同性戀，橫，不孕，血壓高。

12——地水師

吉：女性當權，地產發財，水土農業大利，生子，旺人。

凶：腸胃病，內臟有疾，女性亦主婦科病，夫遭婦辱，耳、腎、脾、心臟之疾，婦奪夫權，中男早喪或離家遠走，寡婦持家，第二子與母不和或男性彼年長女性欺負，性功能受損，腎水不足，肚痛，婦科病，腹疾，絕嗣，尅男丁，水厄，生殖系統疾病，貧血，糖尿病，血疾，目盲耳聾，子宮病，招陰邪，淫亂，通姦，不孕，痴迷，流產，非婚生子，消化不良。

13—雷水解

吉：長子得貴，長子升官，發財，添丁，科甲，創業。

凶：爭吵，激氣，官非，是非，盜劫，失竊破財，肝病，足疾，出走，迫遷，男同性戀，手足殘族，發育不良，破財，盜劫，酒肉朋友，流動，遷徙，＋4破敗，表面之交，脾氣暴躁，性急，肝、腎、腹疾，目眩，足傷，少年同性戀，＋7家破之兆，＋6、8是非，＋7犬傷蛇毒，婦女短壽，水厄，出盜賊，家破人亡。

14—風水渙

吉：讀書有成，出門有利，升職加薪，科甲發財，文人得貴，文才，進步，文職得財，催丁，＋7生美女、文貴，＋68聲名好。

凶：桃花劫，肝疾，不利小口生育，酒淫破家，淫蕩，家醜外傳，婦無生育或墮胎，精神病或中風，遠走他鄉，淫蕩好色，＋7淫蕩，＋9遊，呼吸疾病，＋2頭腦遲鈍，水厄，貧血，風濕，乞丐，沉迷酒色，妾生子，腎、胆之疾，出盜賊，驚怕，貪污，損丁，乳病。

15

吉：發財旺丁，出武略之人，催丁，聰明。

凶：腎（結石）、腸、胃、耳、腰病，膀胱病，陰處生瘍，食物中毒，性病，婦科病，子宮病，眼疾，＋9皮膚病，血疾，不孕，神經失常，尿毒，損子，流產，水災，泄瀉，婦女專權，骨病，肺病。

16—天水訟

吉：武貴，事事如意，吉利，桃花旺，文章顯達，升官發財，文昌科甲，功名，官貴，聰明，聲名好，文秀，＋2、8發田財，＋8喜慶，＋4有財。

凶：金水多情主桃花，男同性戀，腦生瘤，男性好色，雪崩水患，中耳炎，肺積水，孤獨少男，男主人淫亂，女性主入佛道修行，神經衰弱，傷寒病，中子邪淫，水厄，腎病，大腸之族，口舌，肺疾，子宮下垂，骨癌，血症，父子不和，腦溢血，不育，刀傷，失血，官災，女人當家，辛勞，傳染病，貧血。

17—澤水困

吉：後生，愛打扮，桃花，出門有利，升職加薪，利武貴，遠行，喜慶，發官運，舐犢情深，貞節女子，善理財，發財祿，+4生美麗女兒。

凶：貪花戀酒，性病，耳腎之病，墮胎，同性戀，被狗蛇所傷，影響胎兒健康，六畜傷亡，山泥傾瀉，水災，危樓，徙流異鄉，破財，墮胎，金屬所傷，孤芳自賞，下腹疾病，流離破滯，+4淫蕩（或見水），桃花劫，吝嗇，綁架，吐血，嚨啞，官司，陰疾，兄弟不和，缺唇損齒，離鄉背井，肺疾，痰喘，口吃，風流，墮胎，+3犯血症，是非，水厄，婦人多病。

18—山水蒙

吉：文才得財，大利文學文職，置業興家，健康，利水利工程，出教育家，利田財。

凶：土剋水，雙男鬥，耳腎之疾，貧血，中男不回故鄉，水禍，不育，産厄，被動物抓傷，耳鳴，結石疾，少年精神病，膀胱病，不利男卦，兄弟不和，拍檔背逆，婦女不育，小兒溺水，膀胱病，皮膚病，＋9官非，尅中男，夫婦離異，招邪魔，水厄，損孕，腰酸背痛，無月經，尿道疾，子宮病，鼻炎，入獄，流産，嘔吐，腎病，脊椎骨彎曲，低能兒，斷指，吠咬，寡婦當家，面黃肌瘦。

19—火水未濟

吉：合十先天吉，吉慶臨門，多生男丁，官貴，有成就，利讀書，聰明，旺丁，勞後獲福，文昌，＋1生美男。

凶：眼疾，不清醒，近視，風濕，夫妻反目，兄弟不和但久久又合，性病，皮膚病，小産，糖尿病，妻奪夫權，破財，眼疾，生愚子，便血，耳鳴，桃花，

＋3多迷茫，＋4遊蕩，＋5多災禍、皮膚病，＋8官非、口舌，水厄，官災，婦科病，血疾，怕老婆，肺病，產難，尅妻，健忘，腸病，夫妻不和，無智慧，淫亂，血光，盜賊，火災，陰邪，家業退敗。

21——水地比

吉：女性當權，地產發財，水土農業大利，生子，旺人。

凶：腸胃病，內臟有疾，女性亦主婦科病，夫遭婦辱，耳、腎、脾、心臟之疾，婦奪夫權，中男早喪或離家遠走，寡婦持家，第二子與母不和或男性彼年長女性欺負，性功能受損，腎水不足，肚痛，婦科病，腹疾，絕嗣，尅男丁，水厄，生殖系統疾病，貧血，糖尿病，血疾，目盲耳聾，子宮病，招陰邪，淫亂，通姦，不孕，痴迷，流產，非婚生子，消化不良。

22——坤為地

吉：地產置富，武職掌權，懷孕，財帛厚，進田產，出名醫，發丁財，出秀。

凶：女性婦科病，內臟病，多應宅母或女主人，見女鬼，無氣魄，陰氣重，寡婦屋，入院，見開口山犯官非，招陰邪，小兒顴頷，多女少男，痴呆，皮肉病，產厄，自殺，火災，土傷，車禍，盜賊，妻奪夫權，惡瘡，腹疾，＋9出瞽目，嚨啞，婦女淫亂，腸胃病，婦女同性戀，無子，損丁，勒死，精神病，損老母。

23—雷地豫

吉：老婦掌權，異路功明，田產之富，應在長子，旺人丁。

凶：官非，是非，入獄，婦被夫欺，貪小便宜，因工受傷，受山泥所困或死亡，母子關係差，胃病，主婦犯是非，鬥爭，破財，肝病，家庭爭吵，傷胃傷足，奔波勞碌，夫妻不和，老母有災，禍必是長子，口舌，人材流失，香港，關節病，車禍，蛇咬，尅母，長男自殺，雷極，淫亂，牆倒擊人，山崩飛石擊人，皮肉受傷，老婦養小白臉，非婚生子，皮膚病，坐監，禁固，鬥毆傷損，長子逆田凌弟，＋9車禍，面黃肌瘦，脾氣躁，見水主見陰邪，鬧離婚，夫婦不和。

24—風地觀

吉：家嫂掌權，婦掌家權，陞遷。

凶：婆媳不和，母女不和，肝肺、腸胃之疾，狗蛇所傷，精神病，風濕病，見鬼，男兒好色染性病，腹脾氣痛，中風，神經病，胃、脾之疾，獸傷蜂針，婦欺家姑，＋79婦女權高、婦女淫亂，麻風病，冇胃口，面黃肌瘦，皮膚敏感，損小口，瘋疾，婦女自縊，風疾，女人多事，犬傷，多汗，主母有災，風流，疲倦，＋8車禍、猫狗所傷，乳疾，呼系統病，重物擊傷，蜂螫，皮肉受傷。

25

吉：因地產暴發，發福，大利田產，宅母掌權，名醫，旺人丁。

凶：必損主，孤寡，鬼屋，老婦重病，出鰥夫，胃病胃癌，宅母多病，墮胎，中毒，癌症，出寡婦，刑殺損丁，腸病，疾病損人，父母病重或出家修道，孕婦受災失丁，宅母多病，災禍，一切疾病，腹腔病，＋6發惡夢，血光之災，婦女病，皮肉潰爛，食道癌，高血壓，52七、52八鼻咽癌，52九血癌，25一腎癌，25二腸胃癌，52四喉癌，52六腦、骨、肺癌，尅妻，尅夫，痴呆。

26—天地否

吉：夫妻和洽，進田莊之喜，買地買樓，因遺產得財，出醫師，大發田財，行醫濟世，安康，宜做通靈人，科幻小說家，財丁兩旺，出僧尼，+9生仔，+8進財。

凶：孤寒，出僧尼，呼吸系統之疾，見鬼神，寒熱二病，奇病，肺病，父子不和，腸病，婦科病，夫妻反目，進財但不開心，入僧道，+5發惡夢，貪心，胡思亂想，迷信，招陰邪，胃下垂，不孕，頭疾，宗教信仰，+34發禍，妻壓夫，土傷，脾病，大腸疾，瘋癲，孤寡，怪　，+5鬼神為祟。

27—澤地萃

吉：二七合先天火主吉，横財致富但後會遇險，多產女，對九紫命有利，發田財，官貴家旺，安康，聚財，聰明，進田產，催丁，横財，出醫生，富貴雙全。

凶：母女相爭，不正桃花，有財因桃花破財，火災，血病，絕症，泄痢之疾，女同性戀，腸胃病，肺病，喉疾，呼吸病，淫蕩，見鬼，女性不和，口疾，好酒色，肚疴，母妾不和，婦人當家，傷夫剋子，剖腹生產，食物中毒，墮胎，破家，咳嗽，肩脇痛，私奔，吐血，胃潰瘍，因女性破財，色情，桃花。

28——山地剝

吉：合十主吉，有進田置業之喜，利遷移，利醫生，田莊之慶，旺田地，富可敵國，進正財，利地產，生子，旺人丁，＋9生意興隆。

凶：孤寡，出僧尼，少男得病，不利小口，單身婦人養着兒子，腸胃病，婦科病，皮膚病，精神病，小口損傷，被狗蛇咬傷，母子吵架，多病煩厭，＋9愚昧，＋4車禍，猫狗傷，孤獨，嚨啞，筋骨病，墮胎，老婦養小白臉，家人不睦，有宗教信仰，非婚生子，心腹痛症，逆子，痴呆，少男病弱，自大，淫亂。

29—火地晉

吉：因田產得財，因火因電得暴利，大利添丁，宜做色情之地，文秀，貴丁，出秀才，旺女丁，子女多，利考試，發橫財，＋8進財，＋6旺子女。

凶：桃花性病，不育，出愚人，出寡婦或神經之女，女同性戀，目疾，婦科病，腸胃病，心臟病，脾臟肋骨之症，不正桃花，生愚子，酒色，眼疾，好酒色，女性血病，＋8愚昧、鈍，招陰邪，皮膚病，損寸，子宮病，腹膜炎，文盲，婦女淫亂，心痛，官訟，中暑，小心眼，迷信，火災，出寡婦，胃出血。

31—水雷屯

吉：長子得貴，長子升官，發財，添丁，科甲，創業。

凶：爭吵，激氣，官非，是非，盜劫，失竊破財，肝病，足疾，出走，迫遷，男同性戀，手足殘族，發育不良，破財，盜劫，酒肉朋友，流動，遷徙，＋4破敗，表面之交，脾氣暴躁，性急，肝、腎、腹疾，目眩，足傷，少年同性戀，＋7家破之兆，＋6、8是非，＋7犬傷蛇毒，婦女短壽，水厄，出盜賊，家破人亡。

32—地雷復

吉：老婦掌權，異路功明，田產之富，應在長子，旺人丁。

凶：官非，是非，入獄，婦被夫欺，貪小便宜，因工受傷，受山泥所困或死亡，母子關係差，胃病，主婦犯是非，鬥爭，破財，肝病，家庭爭吵，傷胃傷足，奔波勞碌，夫妻不和，老母有災，禍必是長子，口舌，人材流失，香港，關節病，車禍，蛇咬，尅母，長男自殺，雷極，淫亂，牆倒擊人，山崩飛石擊人，皮肉受傷，老婦養小白臉，非婚生子，皮膚病，坐監，禁固，鬥毆傷損，長子逆田凌弟，＋9車禍，面黃肌瘦，脾氣躁，見水主見陰邪，鬧離婚，夫婦不和。

33—震為雷

吉：名聲顯赫，發財，利功名（長男），富貴。

凶：官非，是非（三數），出家賊，手足肝膽之疾，不仁不義，應在長子，脾氣暴躁，＋7失物、賊盜，因犯罪惹禍，開刀，血光，肝病，雷極，震災，炸死傷，車禍，蛇咬，筋病，殘疾，喜賭博、飲酒，兇惡，田園廢盡，小兒難養，淫亂，蟲害，足病，刑妻，損丁，背義不仁，青年同性戀，神經病。

34—風雷益

吉：生貴子，利男性桃花，主仁主富，利聲名，見水吉利，百事順利，出秀士，發貴，生佳兒，＋9聰明、喜事。

凶：長女多病，肝病及手腳，頭髮之疾，因仁慈反害自身，頹廢青年，容易有賊入屋，出乞丐，神經有問題，損丁，膽病，見五黃主破財損身，病困，多是非，少女發瘋，男姦女之象，出僧尼，夫妻反目，子女爭鬥，四肢、肝膽之疾，出不肖子，精神病，運滯，＋8沖犯幼小，疫症，＋67金屬意外，遇賊，女奪夫權，懸梁，身敗名裂，破財，昧事無常，作事糊塗，無理智，風濕，喉嚨，肝病，漂泊，游蕩，不想回家，宅運反覆，手腳受傷，＋5性病、皮膚病。

35

吉：得財得官，大旺丁財，長男招貴，長房富貴，生子，官高。

凶：肝膽病，官非，叛逆作反，生怪病、手腳頭髮出事，因財惹禍，困獄，瘟疹或降頭靈病，精神病，破財，毒疾，家宅不寧，男兒叛逆，肝脾腳部之疾，瘡癬怪病，破財傷身，窮途困病再遭殃，官非纏身，貧窮，多病，傷手足，＋6頭痛，膽石，蛇咬，子欺父，雷極，震災，傳染病，槍擊，胃出血，出跛子，暴戾，肝癌，瘟疫，＋4瘟瘟急症，車禍，官司，腿腳潰爛，吸毒，中毒，瘋癲，神經病，＋4流行傳染病。

36—天雷无妄

吉：官場榮華，有名氣，仁義之家，財運亨通名聲高，＋9處事精密。

凶：官非，手腳受傷，甩髮，金屬所傷，長男老翁遭殃，肝膽病，跌倒，開刀，刀傷，盜賊，見九紫及一白主破財，眼族，多災難，父子不和，傷長子，主孝服，出背義忘恩之人，＋7嚴重足患，＋5頭痛，因財失義，肝硬化，血光，肺病，大腸病，腦震盪，失足，墮馬，自縊，筋骨痛，坐骨神經痛，被利器所傷，兵禍，口舌，吐血，色勞，車禍，顛狂，咳喘。

37——澤雷隨

吉：文武雙全，得官貴，仁義，子女賢孝，宜武職，辛苦中得財，出武略之人，有權，＋1添丁。

凶：手腳、肝膽必傷，背義忘恩，反骨，長子酒色致禍，女欺男，破財，官非，吐血之災，口角是非，打劫，出不肖子女，聰明而刻薄，被刺一刀，盲一眼，筋骨痛，夫妻口角不和，離婚，分居，＋9嚴重意外，血光，家散人亡，＋9火災，遭暗算，被人出賣，神經系統受傷，鬼神入室，見惡水主出人流蕩淫賤，肝硬化，因財失義，肝病，肺病，盜劫，爭吵，囚禁，足有殘疾，顛狂，咳喘。

38——山雷頤

吉：發丁財，有文才，有地產之財，利長及少男，兄弟合力致富，豐收，聰明，有威勢，催生男丁，出文秀，多子孫，長壽。

凶：損小口，不利兒童，筋股之災，小心狗咬，兄弟不和，爭財興訟，破財，兒童怪病應三歲前，小產及心漏，哮喘，意外，男同性戀，離婚，孤寡，結石病，嫁杳無期，無仔生，腰痛，自殺，吊頸，失職，傷四肢或肺，肝胃不適，小孩讀書難成，＋4沖犯幼小，腸胃病，難產，鬼怪，肝病，蛇咬，頭痛，失足墮崖，小孩開刀，皮膚病，墮胎，折傷，鼻疾，筋骨病痛，失聲，跳樓，耳聾，目瞎，面黃肌瘦，絕嗣，破財。

39——火雷噬嗑

吉：聰明，進財，人口盛，添丁，出叻人、猛人，興家創業，生聰明之子，裝修，進升，喜慶，出名，旺男丁，＋4進田產，＋6處事精密。

凶：孤寒，刻薄成家，眼病，心、血、小心癌病及火險，是非，見五黃破財損身，淫亂，火災，目疾，足傷，官非，激氣，肝病，男兒暴戾，長男脾氣暴躁，＋7嚴重意外，＋7刻薄，滾湯傷足，胆疾，腸疾，車禍，不利人丁，盜賊，見水損丁，見惡水暴戾，壞聲名，喜飲酒，筋傷，頭暈，肥大症，牢獄之災，爆炸斷足，官司，被動物咬傷，兄妹亂倫，男戀明星、妓女。

41—水風井

吉：讀書有成，出門有利，升職加薪，科甲發財，文人得貴，文才，進步，文職得財，催丁，＋7生美女、文貴，＋68聲名好。

凶：桃花劫，肝疾，不利小口生育，酒淫破家，淫蕩，家醜外傳，婦無生育或墮胎，精神病或中風，遠走他鄉，淫蕩好色，＋7淫蕩，＋9遊，呼吸疾病，＋2頭腦遲鈍，水厄，貧血，風濕，乞丐，沉迷酒色，妾生子，腎、胆之疾，出盜賊，驚怕，貪污，損丁，乳病。

42—地風升

吉：家嫂掌權，婦掌家權，陞遷。

凶：婆媳不和，母女不和，肝肺、腸胃之疾，狗蛇所傷，精神病，風濕病，見鬼，男兒好色染性病，腹脾氣痛，中風，神經病，胃、脾之疾，獸傷蜂針，婦欺家姑，＋79婦女權高、婦女淫亂，麻風病，冇胃口，面黃肌瘦，皮膚敏感，損小口，瘋疾，婦女自縊，風疾，女人多事，犬傷，多汗，主母有災，風流，疲倦，＋8車禍、猫狗所傷，乳疾，呼系統病，重物擊傷，蜂螫，皮肉受傷。

43—雷風恒

吉：生貴子，利男性桃花，主仁主富，利聲名，見水吉利，百事順利，出秀士，發貴，生佳兒，＋9聰明、喜事。

凶：長女多病，肝病及手腳，頭髮之疾，因仁慈反害自身，頹廢青年，容易有賊入屋，出乞丐，神經有問題，損丁，膽病，見五黃主破財損身，病困，多是非，少女發瘋，男姦女之象，出僧尼，夫妻反目，子女爭鬥，四肢、肝膽之疾，出不肖子，精神病，運滯，＋8沖犯幼小，疫症，＋67金屬意外，遇賊，女奪夫權，懸梁，身敗名裂，破財，昧事無常，作事糊塗，無理智，風濕，喉嚨，肝病，漂泊，游蕩，不想回家，宅運反覆，手腳受傷，＋5性病、皮膚病。

44—巽為風

吉：發科，文章有價，仁義之家，出美女，利考試，出才子才女，＋9生聰明之子。

凶：桃花，漂泊海外，出僧尼，離家出走，呼吸系統毛病，無情無義，瘋瘟之症，水腫，風寒，面腫手腫，濕氣重，子女無歸，淫亂，破敗，漂泊，股病，膽病，喪妻，氣喘，見水彎曲主婦女懸樑，出賊丐，乳病，中風，風災，自縊，產厄。

45

吉：因文才招財，文章有價，名揚四方，大利田產，女强人，科甲。

凶：女性不利，呼吸系統有毛病，乳癌或開刀在胸，見女鬼，生育困難，入佛道，瘋症瘟疫，破財，膽病，脾胃病，男出風疹怪病，好酒色好賭，女性好宗教，孤寡命，敗家，遊蕩廢業，手足傷病，乳疾，風疾，肝病，見異思遷，小兒麻痺，風濕，犯毒，股票破產，神志不清，田園盡廢，傳染病，蛇咬，跛足，膿血，魔瘋之疾，賭博，意外，犯毒。

46—天風姤

吉：家境和氣，財祿豐登，旺文人，文武全才，名利雙收，陞遷，旺人丁。

凶：父有虐待狂，女性易受傷多病，自殺（吊頸、肆藥），肝髮手足之疾，煩惱事先合後散，應驛馬，剋妻或與妻分離，丈夫或妻子一方經常不在家或健康差，呼吸病，失竊，先合後散，女性多病，頭痛，腦病，呼吸病，煩惱，簽錯文件，官非，口舌，婚訟，頑疾，多病，勞碌，蛇毒，＋7足患，瘋疾，半身不遂，口眼歪斜，吐血，筋骨病，腰病，受他人差使而勞碌，紅杏出牆，見水彎曲主婦女懸樑，自殺，尅妻，肝病，血光，刀傷，犬傷，上吊，肺病，心胸之疾，姑媳不 家人反目，夫妻反目，氣喘，老人痴呆症，胆結石。

47—澤風大過

吉：婦女當權，妻臨夫職，財帛豐厚，財色兼收，女兒孝貞，家門興盛，利遠行，聰明，＋1生美麗女兒。

凶：男女淫邪，瘋疾，女性易有刀傷之險，是非官非，吐血，不育，肝髮手足之疾，姐妹不和，婦女當家，不正桃花，性病，口舌，神經病，風寒之症，血光，婚訟，牙痛，＋1淫蕩，傷手腳，肝、膽病，開刀，兵禍，破敗，文章不顯，顛狂，出病書生，色癆，犬咬，車禍，氣喘，剋妾，瘋症，呼吸系統病，肺病，囚禁，乳疾，女同性戀，為富不仁，風濕，殤小口，女性多病，姊妹不睦，因女性惹是非。

48——山風蠱

吉：進田莊之喜，賢婦教子，有財貴，喜歡水晶、瓷器，女性當權，田地之富，催丁，出中醫，出隱士，農畜業發富，紡織品獲利，長壽。

凶：山林隱士，入僧道，鼻疾，瘋疾，小心動物所傷，小童易有風癩及風寒之症，鬼上身，男女不和，不利姻緣，離婚，獨居，無子女緣，腰病，膽石，自殺，利宗教修行，孤寡，腎腰、脫髮，無仔生，嫁杳無期，不利幼兒，服毒，吊頸，婦奪夫權，靈體、墮胎不吉事，女同性戀，胃痛，孩子頑皮，＋3沖犯幼小，＋2車禍、猫狗所傷，孩子腸胃病，精神病筋骨病，脊骨，風濕，氣喘，兄弟不妾和，神經痛，中風，孤高自賞，瘋症，吊頸，手臂指甲毒瘡，婦人養小白臉，生貴子，上肢殘傷，指節之疾，淫亂、色禍，呼吸不暢。

49——火風鼎

吉：合主吉，木火通明，財貴，喜慶，桃花，發科名，思考力強，生聰明俊秀之子，生美麗子女，文章大利，多女丁。

凶：婦人不和，眼疾，火災，不正常桃花，甩髮，女同性戀，男女淫亂，身敗名裂，破財，長女不利，+1遊蕩，見開口筆無功名，絕嗣，股病，乳病，色盲，氣管炎，因姦破財，見水婦女專權，醒目，應對好，肝病，出蕩子，血光，自殺，膽病，小腸病，頭暈，人丁不利，血症，淫亂，出盜賊，紅杏出牆。

51

吉：發財旺丁，出武略之人，催丁，聰明。

凶：腎（結石）、腸、胃、耳、腰病，膀胱病，陰處生瘍，食物中毒，性病，婦科病，子宮病，眼疾，＋9皮膚病，血疾，不孕，神經失常，尿毒，損子，流產，水災，泄瀉，婦女專權，骨病，肺病。

52

吉：因地產暴發，發福，大利田產，宅母掌權，名醫，旺人丁。

凶：必損主，孤寡，鬼屋，老婦重病，出鰥夫，胃病胃癌，宅母多病，墮胎，中毒，癌症，出寡婦，刑殺損丁，腸病，疾病損人，父母病重或出家修道，孕婦受災失丁，宅母多病，災禍，一切疾病，腹腔病，＋6發惡夢，血光之災，婦女病，皮肉潰爛，食道癌，高血壓，52七、52八鼻咽癌，52九血癌，25一腎癌，25二腸胃癌，52四喉癌，52六腦、骨、肺癌，尅妻，尅夫，痴呆。

53

吉：得財得官，大旺丁財，長男招貴，長房富貴，生子，官高。

凶：肝膽病，官非，叛逆作反，生怪病、手腳頭髮出事，因財惹禍，困獄，瘟疹或降頭靈病，精神病，破財，毒疾，家宅不寧，男兒叛逆，肝脾腳部之疾，瘡癬怪病，破財傷身，窮途困病再遭殃，官非纏身，貧窮，多病，傷手足，＋6頭痛，膽石，蛇咬，子欺父，雷極，震災，傳染病，槍擊，胃出血，出跛子，暴戾，肝癌，瘟疫，＋4瘟瘽急症，車禍，官司，腿腳潰爛，吸毒，中毒，瘋癲，神經病，＋4流行傳染病。

54

吉：因文才招財，文章有價，名揚四方，大利田產，女强人，科甲。

凶：女性不利，呼吸系統有毛病，乳癌或開刀在胸，見女鬼，生育困難，入佛道，瘋症瘟疫，破財，膽病，脾胃病，男出風疹怪病，好酒色好賭，女性好宗教，孤寡命，敗家，遊蕩廢業，手足傷病，乳疾，風疾，肝病，見異思遷，小兒麻痺，風濕，犯毒，股票破產，神志不清，田園盡廢，傳染病，蛇咬，跛足，膿血，魔瘋之疾，賭博，意外，犯毒。

55

吉：丁財兩旺，奇材，富貴雙全，多子孫，出大人物。

凶：兩重災病星，必傷人口，不利孕婦，墮胎或小口夭折，腸、胃癌，血光之險，血光之災，橫禍，火災，嚨啞，痴呆，天災巨變，惡疾，中毒，植物人，腦疾，傳染病，毒瘡，癌症。

56

吉：子女考順，父當權得田產，丁財兩旺，大利宅主，發福，進財，催丁。

凶：頭痛，骨病，肺病，胃病，癌病，男宅主彼土困，入獄，小人是非，失業，神經失常，中毒或肺癌，失聲，腸胃病，中毒，口腔病，＋2發惡夢，長子痴呆，短壽，剋父，天災，植物人，腦疾，頭部毒瘡，官司，中風，胃下垂，大腸病，瘋癲，懦弱，剋長子，意氣用事，老人痴呆征，胃結石。

57

吉：詞令或歌聲興家，得錢財，田財之富，出美人，出醫生。

凶：毒瘤於舌、喉、肺，失聲，淫蕩，性病，嚴重致癌症，因淫娼惹官，食錯藥，多暗病，皮膚病，口疾瘡膿，口舌是非，腸胃病，食物中毒，肺病，口腔病，＋9中毒，性變態，巫術害人，殘疾，吸毒，大腸癌，毒瘡，破產，桃花，心臟病，自殺，＋9血症、火災，刀傷，痴迷昏呆，車禍，肝癌，＋5金屬所傷。

58

吉：當運進財，大發田財，天才兒童，忠孝之人。

凶：小男多病，肺胃膿血之災，因財墮險，牢獄之困，山泥傾瀉，週身骨痛，筋骨受損，腰、腸、鼻、呼吸之疾，腸胃病，關節痛，少男大病或殘廢，臂折筋枯，食物中毒，暗滯，背胸痛，筋骨之疾，手患，脊疾，腎病，耳塞，癱瘓，吸毒，精神病，白痴，尅子，坐骨神經痛，駝背，嚨啞，皮膚病，不利少男少女。

59

吉：子女聰明，利桃花感情，地產之富，發財，生貴子，出聖賢仙佛。

凶：生愚鈍之子，眼疾，血病，心臟病，腸胃病，喜慶時出意外，血光之災，發癲發狂，皮膚病，思維雜亂，難產死亡，鬧鬼，因色而生性病，火災，主長病，殘疾，長久之病，性病，＋7中毒、吸毒、火災、血症，＋1皮膚病，灼傷，燙傷，炸死，殘疾，服毒、年7到應，愚魯，難產，痴迷，心散，精神病，電極，飛機失事，色盲，尅婦女，老人血壓高，中年貧血，少年眼疾。

61—水天需

吉：武貴，事事如意，吉利，桃花旺，文章顯達，升官發財，文昌科甲，功名，官貴，聰明，聲名好，文秀，＋2、8發田財，＋8喜慶，＋4有財。

凶：金水多情主桃花，男同性戀，腦生瘤，男性好色，雪崩水患，中耳炎，肺積水，孤獨少男，男主人淫亂，女性主入佛道修行，神經衰弱，傷寒病，中子邪淫，水厄，腎病，大腸之族，口舌，肺疾，子宮下垂，骨癌，血症，父子不和，腦溢血，不育，刀傷，失血，官災，女人當家，辛勞，傳染病，貧血。

62—地天泰

吉：夫妻和洽，進田莊之喜，買地買樓，因遺產得財，出醫師，大發田財，行醫濟世，安康，宜做通靈人，科幻小訖家，財丁兩旺，出僧尼，＋9生仔，＋8進財。

凶：孤寒，出僧尼，呼吸系統之疾，見鬼神，寒熱二病，奇病，肺病，父子不和，腸病，婦科病，夫妻反目，進財但不開心，入僧道，＋5發惡夢，貪心，胡思亂想，迷信，招陰邪，胃下垂，不孕，頭疾，宗教信仰，＋34發禍，妻壓夫，土傷，脾病，大腸疾，瘋癲，孤寡，怪　，＋5鬼神為祟。

63—雷天大壯

吉：官場榮華，有名氣，仁義之家，財運亨通名聲高，＋9處事精密。

凶：官非，手脚受傷，甩髮，金屬所傷，長男老翁遭殃，肝膽病，跌倒，開刀，刀傷，盜賊，見九紫及一白主破財，眼族，多災難，父子不和，傷長子，主孝服，出背義忘恩之人，＋7嚴重足患，＋5頭痛，因財失義，肝硬化，血光，肺病，大腸病，腦震盪，失足，墮馬，自縊，筋骨痛，坐骨神經痛，被利器所傷，兵禍，口舌，吐血，色勞，車禍，顛狂，咳喘。

64—風天小畜

吉：家境和氣，財祿豐登，旺文人，文武全才，名利雙收，陞遷，旺人丁。

凶：父有虐待狂，女性易受傷多病，自殺（吊頸、肆藥），肝髮手足之疾，煩惱事先合後散，應驛馬，剋妻或與妻分離，丈夫或妻子一方經常不在家或健康差，呼吸病，失竊，先合後散，女性多病，頭痛，腦病，呼吸病，煩惱，簽錯文件，官非，口舌，婚訟，頑疾，多病，勞碌，蛇毒，＋7足患，瘋疾，半身不遂，口眼歪斜，吐血，筋骨病，腰病，受他人差使而勞碌，紅杏出牆，見水彎曲主婦女懸樑，自殺，剋妻，肝病，血光，刀傷，犬傷，上吊，肺病，心胸之疾，姑媳不和，家人反目，夫妻反目，氣喘，老人痴呆症，胆結石。

65

吉：子女考順，父當權得田產，丁財兩旺，大利宅主，發福，進財，催丁。

凶：頭痛，骨病，肺病，胃病，癌病，男宅主彼土困，入獄，小人是非，失業，神經失常，中毒或肺癌，失聲，腸胃病，中毒，口腔病，＋2發惡夢，長子痴呆，短壽，剋父，天災，植物人，腦疾，頭部毒瘡，官司，中風，胃下垂，大腸病，瘋癲，懦弱，剋長子，意氣用事，老人痴呆征，胃結石。

66—乾為天

吉：出狀元，利橫財，發武貴，進財，主掌兵權，添男丁，巨富多丁。

凶：走偏門，骨折意外，官非，交通意外，傷肺部或失聲，頭痛，腦內生瘤，失竊，血光，頻撲，見懸頭犯官災，痴迷，見斷頭主刑戮，無子，大腸病，刑妻，墮馬，老翁同性戀，是非，肺病，骨病，孤獨，寡母持家，頭暈，作賊。

67——澤天夬

吉：掌武權，職掌兵權，武貴，官祿高，競爭中得財，旺丁，催孕，多生女，出人才。

凶：合作不和，拆夥，部屬造反，官非，男女不和，手脚受傷，性病，淫亂，頭痛，劫掠，開刀，武鬥，造反，皮膚病，車禍，血光，口舌官訟，官場爭執，家宅不睦，交通意外，入院開刀，口疾，膿血之災，性病，衝突，口角，＋3傷腳，鼻炎，胃病，大腸病，咳嗽，腦疾，兄弟不和，寡母持家，損丁，桃花腎病，脾氣暴躁，破財，小人暗算，＋4足患、瘋疾，肺病，筋骨病，因色惹禍，耳聾，目盲，父女亂倫，皮膚病，不利小口，長房官災，剋妻，手術開刀。

68——山天大畜

吉：進財，利田宅，利男性，利正偏財，文武雙全，父子同發科，文權發跡，富貴，升級，異路功名，宜武職，催丁，出道德家。

凶：頭骨之疾，應在男性，肺病，腦疾，父子不和，出鰥夫，固執，乏嗣，瘋癲，胃病，大腸疾，逆子，神經之疾，腦硬化，筋骨病痛，雞姦，精神病。

69—火天大有

吉：長壽，利武將（警界），文章顯達，家中老人家平安，旺官，長壽，博學多聞，＋3處事精密。

凶：火燒天門，兒女不聽話，生牙瘡，生痄腮，頭痛，流牙血，頭部有事，桃花劫，火劫，熱症，肺癌，長房敗，吐血，家不安寧，腦癌，父親長子都應，暗瘡，骨病，罵父逆子，癆病，父子不和，血癌，牙血吐血，尅子，＋4火災，鼻疾，產厄，不育，高血壓，殺父，頻僕，中風，鬼神入室，老夫少妻，癱瘓，眼疾，心疾，官災，絕嗣，自縊，淫亂，翁媳亂倫，有暴力傾向。

71—水澤節

吉：後生，愛打扮，桃花，出門有利，升職加薪，利武貴，遠行，喜慶，發官運，舐犢情深，貞節女子，善理財，發財祿，＋4生美麗女兒。

凶：貪花戀酒，性病，耳腎之病，墮胎，同性戀，被狗蛇所傷，影響胎兒健康，六畜傷亡，山泥傾瀉，水災，危樓，徙流異鄉，破財，墮胎，金屬所傷，孤芳自賞，下腹疾病，流離破滯，＋4淫蕩（或見水），桃花劫，吝嗇，綁架，吐血，嚨啞，官司，陰疾，兄弟不和，缺唇損齒，離鄉背井，肺疾，痰喘，口吃，風流，墮胎，＋3犯血症，是非，水厄，婦人多病。

72—地澤臨

吉：二七合先天火主吉，橫財致富但後會遇險，多產女，對九紫命有利，發田財，官貴家旺，安康，聚財，聰明，進田產，催丁，橫財，出醫生，富貴雙全。

凶：母女相爭，不正桃花，，有財因桃花破財，火災，血病，絕症，泄痢之疾，女同性戀，腸胃病，肺病，喉疾，呼吸病，淫蕩，見鬼，女性不和，口疾，好酒色，肚疴，母妾不和，婦人當家，傷夫剋子，剖腹生產，食物中毒，墮胎，破家，咳嗽，肩脇痛，私奔，吐血，胃潰瘍，因女性破財，色情，桃花。

73—雷澤歸妹

吉：文武雙全，得官貴，仁義，子女賢孝，宜武職，辛苦中得財，出武略之人，有權，+1添丁。

凶：手腳、肝膽必傷，背義忘思，反骨，長子洒色致禍，女欺男，破財，官非，吐血之災，口角是非，打劫，出不肖子女，聰明而刻薄，被刺一刀，盲一眼，筋骨痛，夫妻口角不和，離婚，分居，+9嚴重意外，血光，家散人亡，+9火災，遭暗算，被人出賣，神經系統受傷，鬼神入室，見惡水主出人流蕩淫賤，肝硬化，因財失義，肝病，肺病，盜劫，爭吵，囚禁，足有殘疾，顛狂，咳喘。

74—風澤中孚

吉：婦女當權，妻臨夫職，財帛豐厚，財色兼收，女兒孝貞，家門興盛，利遠行，聰明，+1生美麗女兒。

凶：男女淫邪，瘋疾，女性易有刀傷之險，是非官非，吐血，不育，肝髮手足之疾，姐妹不和，婦女當家，不正桃花，性病，口舌，神經病，風寒之症，血光，婚訟，牙痛，+1淫蕩，傷手腳，肝、膽病，開刀，兵禍，破敗，文章不顯，顛狂，出病書生，色癆，犬咬，車禍，氣喘，剋妻，瘋症，呼吸系統病，肺病，囚禁，乳疾，女同性戀，為富不仁，風濕，殤小口，女性多病，姊妹不睦，因女性惹是非。

75

吉：詞令或歌聲興家，得錢財，田財之富，出美人，出醫生。

凶：毒瘤於舌、喉、肺，失聲，淫蕩，性病，嚴重致癌症，因淫娼惹官，食錯藥，多暗病，皮膚病，口疾瘡膿，口舌是非，腸胃病，食物中毒，肺病，口腔病，＋9中毒，性變態，巫術害人，殘疾，吸毒，大腸癌，毒瘡，破產，桃花，心臟病，自殺，＋9血症、火災，刀傷，痴迷昏呆，車禍，肝癌，＋5金屬所傷。

76—天澤履

吉：掌武權，職掌兵權，武貴，官祿高，競爭中得財，旺丁，催孕，多生女，出人才。

凶：合作不和，拆夥，部屬造反，官非，男女不和，手脚受傷，性病，淫亂，頭痛，劫掠，開刀，武鬥，造反，皮膚病，車禍，血光，口舌官訟，官場爭執，家宅不睦，交通意外，入院開刀，口疾，膿血之災，性病，衝突，口角，＋3傷腳，鼻炎，胃病，大腸病，咳嗽，腦疾，兄弟不和，寡母持家，損丁，桃花腎病，脾氣暴躁，破財，小人暗算，＋4足患、瘋疾，肺病，筋骨病，因色惹禍，耳聾，目盲，父女亂倫，皮膚病，不利小口，長房官災，尅妻，手術開刀。

77——兌為澤

吉：醫卜興家，利娛樂業，及口才歌藝之人，利女性，見葫蘆形山出醫、卜、星相之人，發橫財，發武貴，掌兵權，出才女。

凶：劫賊，火災，口舌是非，男女淫亂，桃花劫，口喉之病，金屬所傷（開刀、交通意外），兔唇，影響主婦和孕婦，打架，鬥法，血光，好勝，破財，肺病，啞巴，刑獄，見刀形山出市井之人，兄坳峰出缺唇，家賊，盜賊，女同性戀，大腸病，損女童。

78——山澤損

吉：升官發財，田產豐盛，財經致富，家宅安康，少年早發，少房大發，夫妻和順，兒女康泰，文武職貴，利財祿，添丁之兆唯少男為夫，少女為母，進財但反覆，官貴，利考試，旺之丁，出俊男美女。

凶：口喉之疾，少子少女多病，錢財易散難聚，肺病，骨病，夫妻成仇，損丁，見惡水犯桃花，妻犯夫，失財，口唇之疾，瘋癲，斷指，盜賊，兔唇，精神病，小口不存，發育不良，胃病，過敏症，單戀，金屋藏嬌，啞巴，官訟，夫妻反目。

79——火澤睽

吉：家室興旺，喜慶，利婦女，桃花熱情，利電器、電子、電腦行業，男女聰明伶俐，得橫財，女權，出美，結婚。

凶：聰明而刻薄，中毒，口喉之疾，江湖花酒，血病，回祿之災，即火災，離婚，心臟病，肺病，負資產，肚痛，網上色情活動，包二奶，好酒色，失眠，血光刀傷。見一白主夫婦不和、皮膚病，性病，癆病，呼吸系统，官災不斷，身體殘傷，貪花戀酒，＋5中毒、自殺、火災、血症，＋3嚴重意外、刻薄、火災，肝病，盜賊，口舌，破財，牙病，尅女童，目疾，桃花，姦殺，兔唇，大腸炎，少女煞，蕩子淫婦，女同性戀，色情狂，色盲，經痛，＋5嫖妓得性病，夫妻反目，姊妹不和，婦女專權。

81——水山蹇

吉：文才得財，大利文學文職，置業興家，健康，利水利工程，出教育家，利田財。

凶：土剋水，雙男鬥，耳腎之疾，貧血，中男不回故鄉，水禍，不育，產厄，被動物抓傷，耳鳴，結石疾，少年精神病，膀胱病，不利男卦，兄弟不和，拍檔背逆，婦女不育，小兒溺水，膀胱病，皮膚病，＋9官非，尅中男，夫婦離異，招邪魔，水厄，損孕，腰酸背痛，無月經，尿道疾，子宮病，鼻炎，入獄，流產，嘔吐，腎病，脊椎骨彎曲，低能兒，斷指，吠咬，寡婦當家，面黃肌瘦。

82—地山謙

吉：合十主吉，有進田置業之喜，利遷移，利醫生，田莊之慶，旺田地，富可敵國，進正財，利地產，生子，旺人丁，＋9生意興隆。

凶：孤寡，出僧尼，少男得病，不利小口，單身婦人養着兒子，腸胃病，婦科病，皮膚病，精神病，小口損傷，被狗蛇咬傷，母子吵架，多病煩厭，＋9愚昧，＋4車禍，猫狗傷，孤獨，嚨啞，筋骨病，墮胎，老婦養小白臉，家人不睦，有宗教信仰，非婚生子，心腹痛症，逆子，痴呆，少男病弱，自大，淫亂。

83—雷山小過

吉：發丁財，有文才，有地產之財，利長及少男，兄弟合力致富，豐收，聰明，有威勢，催生男丁，出文秀，多子孫，長壽。

凶：損小口，不利兒童，筋股之災，小心狗咬，兄弟不和，爭財興訟，破財，兒童怪病應三歲前，小產及心漏，哮喘，意外，男同性戀，離婚，孤寡，結石病，嫁杳無期，無仔生，腰痛，自殺，吊頸，失職，傷四肢或肺，肝胃不適，小孩讀書難成，＋4沖犯幼小，腸胃病，難產，鬼怪，肝病，蛇咬，頭痛，失足墮崖，小孩開刀，皮膚病，墮胎，折傷，鼻疾，筋骨病痛，失聲，跳樓，耳聾，目瞎，面黃肌瘦，絕嗣，破財。

84—風山漸

吉：進田莊之喜，賢婦教子，有財貴，喜歡水晶、瓷器，女性當權，田地之富，催丁，出中醫，出隱士，農畜業發富，紡織品獲利，長壽。

凶：山林隱士，入僧道，鼻疾，瘋疾，小心動物所傷，小童易有風癩及風寒之症，鬼上身，男女不和，不利姻緣，離婚，獨居，無子女緣，腰病，膽石，自殺，利宗教修行，孤寡，腎腰、脫髮，無仔生，嫁杳無期，不利幼兒，服毒，吊頸，婦奪夫權，靈體、墮胎不吉事，女同性戀，胃痛，孩子頑皮，＋3沖犯幼小，＋2車禍、猫狗所傷，孩子腸胃病，精神病筋骨病，脊骨，風濕，氣喘，兄弟不和，神經痛，中風，孤高自賞，瘋症，吊頸，手臂指甲毒瘡，婦人養小白臉，妾生貴子，上肢殘傷，指節之疾，淫亂、色禍，呼吸不暢。

85

吉：當運進財，大發田財，天才兒童，忠孝之人。

凶：小男多病，肺胃膿血之災，因財墮險，牢獄之困，山泥傾瀉，週身骨痛，筋骨受損，腰、腸、鼻、呼吸之疾，腸胃病，關節痛，少男大病或殘廢，臂折筋枯，食物中毒，暗滯，背胸痛，筋骨之疾，手患，脊疾，腎病，耳塞，癱瘓，吸毒，精神病，白痴，尅子，坐骨神經痛，駝背，嚨啞，皮膚病，不利少男少女。

86—天山遯

吉：進財，利田宅，利男性，利正偏財，文武雙全，父子同發科，文權發跡，富貴，升級，異路功名，宜武職，催丁，出道德家。

凶：頭骨之疾，應在男性，肺病，腦疾，父子不和，出鰥夫，固執，乏嗣，瘋癲，胃病，大腸疾，逆子，神經之疾，腦硬化，筋骨病痛，雞姦，精神病。

８７——澤山咸

吉：升官發財，田產豐盛，財經致富，家宅安康，少年早發，少房大發，夫妻和順，兒女康泰，文武職貴，利財祿，添丁之兆唯少男為夫，少女為母，進財但反覆，官貴，利考試，旺之丁，出俊男美女。

凶：口喉之疾，少子少女多病，錢財易散難聚，肺病，骨病，夫妻成仇，損丁，見惡水犯桃花，妻犯夫，失財，口唇之疾，瘋癲，斷指，盜賊，兔唇，精神病，小口不存，發育不良，胃病，過敏症，單戀，金屋藏嬌，啞巴，官訟，夫妻反目。

８８——艮為山

吉：旺田宅，丁財兩旺，出忠臣孝子，富貴，出高僧。

凶：少男殘傷，流亡海外，破財，肩骨酸痛，見離鄉砂客死他鄉，小口難存，婦女短壽，腸胃病，少男嚨啞，痴呆，頭疾，腦疾，脊樞病，駝腰，精神病，神經之疾，上肢多畸形，腦充血，脊背病，脾胃病，問題兒童，手病，臂病，指節疾病，鼻疾，骨病，筋絡病，犬咬，自縊，墮崖。

89—火山旅

吉：進財喜事多，富可敵國，位列朝班，主婚喜之訊，出文士發秀名，發橫財，利小房，田莊地產大發，利文職升遷，子孫滿堂，大利婚喜，豐收，生貴子，出外交官，催丁，+2進田產。

凶：鼻眼多疾，熱腹便血，火災，癌病，吐血，眼疾，女性生愚子，胃熱，血壓高，脾胃病，心臟病，損丁，+1官非，+2愚昧，+4火災，筋骨疾病，手病，暴躁，胃出血，消極，金屋藏嬌，灼傷，自焚，精神病，白痴，癱瘓，手指灼傷，沉迷物慾，難產，耳疾，招陰邪，膽病，腦充血，男童驚風，鼻疾，損丁，筋枯臂折。

91—水火既濟

吉：合十先天吉，吉慶臨門，多生男丁，官貴，有成就，利讀書，聰明，旺丁，勞後獲福，文昌，+1生美男。

凶：眼疾，不清醒，近視，風濕，夫妻反目，兄弟不和但久久又合，性病，皮膚病，小產，糖尿病，妻奪夫權，破財，眼疾，生愚子，便血，耳鳴，桃花，＋3多迷茫，＋4遊蕩，＋5多災禍、皮膚病，＋8官非、口舌，水厄，官災，婦科病，血疾，怕老婆，肺病，產難，尅妻，健忘，腸病，夫妻不和，無智慧，淫亂，血光，盜賊，火災，陰邪，家業退敗。

92—地火明夷

吉：因田產得財，因火因電得暴利，大利添丁，宜做色情之地，文秀，貴丁，出秀才，旺女丁，子女多，利考試，發橫財，＋8進財，＋6旺子女。

凶：桃花性病，不育，出愚人，出寡婦或神經之女，女同性戀，目疾，婦科病，腸胃病，心臟病，脾臟肋骨之症，不正桃花，生愚子，酒色，眼疾，好酒色，女性血病，＋8愚昧、鈍，招陰邪，皮膚病，損寸，子宮病，腹膜炎，文盲，婦女淫亂，心痛，官訟，中暑，小心眼，迷信，火災，出寡婦，胃出血。

9 3—雷火豐

吉：聰明，進財，人口盛，添丁，出叻人、猛人，興家創業，生聰明之子，裝修，進升，喜慶，出名，旺男丁，＋4進田產，＋6處事精密。

凶：孤寒，刻薄成家，眼病，心、血、小心癌病及火險，是非，見五黃破財損身，淫亂，火災，目疾，足傷，官非，激氣，肝病，男兒暴戾，長男脾氣暴躁，＋7嚴重意外，＋7刻薄，滾湯傷足，胆疾，腸疾，車禍，不利人丁，盜賊，見水損丁，見惡水暴戾，壞聲名，喜飲酒，筋傷，頭暈，肥大症，牢獄之災，爆炸斷足，官司，被動物咬傷，兄妹亂倫，男戀明星、妓女。

9 4—風火家人

吉：合主吉，木火通明，財貴，喜慶，桃花，發科名，思考力強，生聰明俊秀之子，生美麗子女，文章大利，多女丁。

凶：婦人不和，眼疾，火災，不正常桃花，甩髮，女同性戀，男女淫亂，身敗名裂，破財，長女不利，＋1遊蕩，見開口筆無功名，絕嗣，股病，乳病，色盲，氣管炎，因姦破財，見水婦女專權，醒目，應對好，肝病，出蕩子，血光，自殺，膽病，小腸病，頭暈，人丁不利，血症，淫亂，出盜賊，紅杏出牆。

95

吉：子女聰明，利桃花感情，地產之富，發財，生貴子，出聖賢仙佛。

凶：生愚鈍之子，眼疾，血病，心臟病，腸胃病，喜慶時出意外，血光之災，發癲發狂，皮膚病，思維雜亂，難產死亡，鬧鬼，因色而生性病，火災，主長病，殘疾，長久之病，性病，＋7中毒、吸毒、火災、血症，＋1皮膚病，灼傷，燙傷，炸死，殘疾，服毒、年7到應，愚魯，難產，痴迷，心散，精神病，電極，飛機失事，色盲，尅婦女，老人血壓高，中年貧血，少年眼疾。

96—天火同人

吉：長壽，利武將（警界），文章顯達，家中老人家平安，旺官，長壽，博學多聞，＋3處事精密。

凶：火燒天門，兒女不聽話，生牙瘡，生痄腮，頭痛，流牙血，頭部有事，桃花劫，火劫，熱症，肺癌，長房敗，吐血，家不安寧，腦癌，父親長子都應，暗瘡，骨病，罵父逆子，癆病，父子不和，血癌，牙血吐血，尅子，＋4火災，鼻疾，產厄，不育，高血壓，殺父，頻僕，中風，鬼神入室，老夫少妻，癱瘓，眼疾，心疾，官災，絕嗣，自縊，淫亂，翁媳亂倫，有暴力傾向。

97—澤火革

吉：家室興旺，喜慶，利婦女，桃花熱情，利電器、電子、電腦行業，男女聰明伶俐，得橫財，女權，出美，結婚。

凶：聰明而刻薄，中毒，口喉之疾，江湖花洒，血病，回祿之災，即火災，離婚，心臟病，肺病，負資產，肚痛，網上色情活動，包二奶，好酒色，失眠，血光刀傷。見一白主夫婦不和、皮膚病，性病，癆病，呼吸糸统，官災不斷，身體殘傷，貪花戀酒，＋5中毒、自殺、火災、血症，＋3嚴重意外、刻薄、火災，肝病，盜賊，口舌，破財，牙病，尅女童，目疾，桃花，姦殺，兔唇，大腸炎，少女煞，蕩子淫婦，女同性戀，色情狂，色盲，經痛，＋5嫖妓得性病，夫妻反目，姊妹不和，婦女專權。

98—山火賁

吉：進財喜事多，富可敵國，位列朝班，主婚喜之訊，出文士發秀名，發横財，利小房，田莊地產大發，利文職升遷，子孫滿堂，大利婚喜，豐收，生貴子，出外交官，催丁，＋2進田產。

凶：鼻眼多疾，熱腹便血，火災，癌病，吐血，眼疾，女性生愚子，胃熱，血壓高，脾胃病，心臟病，損丁，＋1官非，＋2愚昧，＋4火災，筋骨疾病，手病，暴躁，胃出血，消極，金屋藏嬌，灼傷，自焚，精神病，白痴，癱瘓，手指灼傷，沉迷物慾，難產，耳疾，招陰邪，膽病，腦充血，男童驚風，鼻疾，損丁，筋枯臂折。

99—離為火

吉：文章顯達，吉慶連連，婚訊喜來，添丁發科，大將值邊疆，有智慧學識，有名有利，利考試，女性行業致富。

凶：婦多產女，不生男丁，男女好色，目疾，心臟病，生瘡，血壓高，血光之災，出瞎眼之人，眼挑針，火災，淫亂，損丁，頭痛，癱瘓，小腸病，刀槍殺死，中暑，肺病，火燒，觸電，飛機失事，車禍，寡婦當家，喪妻，燙傷，色盲，血疾，自殺，不育，產厄，淫亂，發高燒。

近代玄空一派「遙一派」根據星之卦理及驗證，整理出適用於現今社會的條目，現列出以供研究：

表二：星的卦理與驗證

星	星	卦理	驗證
1	1	桃花，出門，婦科病，皮膚病，腎病	野外桃花（門），個性散慢（青年），婚姻破裂，女性下身之疾，不留家
2	1	婦科病，腸胃病	自私（開門），不顧身邊人（房），不利小兒（門），鉛害正室，多病尤其腹疾，不利宅母
3	1	爭吵，激氣，官非，破財	失業（門），考試落第，失去人生目標，性野，不守正道，脾氣古怪，對人失尊重
4	1	利讀書，出門，桃花，發科名之顯	利文昌，聰明愛閱讀，好色，愛胡混，愛用小聰明
5	1	婦科病，膀胱病，腎病，水道之疾	出門危險，夫妻失情趣，桃花劫
6	1	桃花旺，官貴，文秀	得科甲，利功名，夫妻恩愛（門）利望婚之人，好唱口
7	1	桃花，出門有利，貪花戀酒，徒流	男性桃花煞（開門），不利少女，喉疾，招手成婚（隨便）
8	1	耳疾，小損傷，膀胱病，結石疾，少年精神病	不利小兒（一歲以下大忌）做事阻滯，家運不濟
9	1	桃花，性病，皮膚病，糖尿病，目疾，神志不清	思想矛盾，不利紅鸞婚期（因為九被尅）感情易生變化。
1	2	婦科病，腸胃病，不利中男	同上。
2	2	入院，婦科病，腸胃病，懷孕，出寡婦	下身腫痛，老人主癌，腹疾，思想負面，內心不寧，偏見固執
3	2	爭吵，激氣，官非，破財，二路功明，肝病，婦科病（鬥牛煞）	神經質，是非鬥爭，睡眠質素低，想得太多，心中不寧，離婚，男女不和
4	2	腹氣痛，婆媳不和，中風，淫亂	不利宅母（尤其廚房門），多病，不利文昌，多妒忌，家中是非多，男命不正桃花
5	2	孤寡，重病，癌症，中毒	大凶，災禍
6	2	腸疾，婦科病，買樓，孤寒，夫妻反目不和	頭疾，利功名，利男宅主
7	2	腸胃病，喉，呼吸病，肺病	喉疾，血光之災，失竊，失聲，犯口忌
8	2	田宅豐厚，腸胃病，婦科病，皮膚病，精神病	家運好，但不利小兒，佈局合則吉
9	2	文秀，晝丁，婦科病，目疾，心臟病，腸胃病	眼心之病（應老人家），不利紅鸞，人緣差，不利宅中女性
1	3	爭執，官非，破財，吵鬧，盜劫	同上
2	3	官非，是非，口舌（鬥牛煞）	同上
3	3	爭吵，激氣，官非，肝病	不利公司開門，不利財運，小人是非，兄弟不和
4	3	肝膽病，損丁，盜賊，無知昧事	（忌青年人），不利正途，兒女反逆，不利錢財，家中男女不和
5	3	破財，傷身，窮途困病再官非，毒疾	凶，不利家運，失財，不利宅中男性，足疾
6	3	手腳受損，肝病，膽病，盜賊，刑殺	不利宅中男性，是非，失權，被欺負，開門怕老婆
7	3	大凶，打劫，官非，破財，肝，膽病	劫財，官非是非，爭吵，人事變動
8	3	離婚，嫁杏無期，孤寡，不利小兒，筋絡病，結右病	不利財丁運，（直尅，無情）
9	3	聰明，旺財事順，吝嗇，是非，目疾，血疾	小聰小慧，利姻緣，最宜安神位
1	4	讀書有成，成名，升職，好色	同上
2	4	婆媳不和，腸胃病	同上
3	4	多是非，桃花，出盜賊，昧事無常	同上
4	4	出門，桃花	不利財，不耐戰鬥力，愚頓，不重思巧，欠品格
5	4	五黃最忌三碧四綠，木尅土，破財，膽病，脾胃病	凶，不利財運（室內所有女性都有事），宅中女性多事生端
6	4	煩惱事先合後散，女性多病，呼吸病，	諸事不成，合作不和，尅宅中女性，不利文昌，思考
		形妻，作賊，失竊	
7	4	桃花，口舌是非，風疾，姐妹不和	宅中多是非，互不禮讓，口舌之爭，男為不正桃花
8	4	離婚，嫁杏無期，孤寡，不利小兒，女同性戀	不利財運，小兒凶，男女不和，家運不寧，佈局合則吉
9	4	木火通明，聰明，桃花，主生聰明俊秀之子	聰巧，人光彩，有大智慧，精神煥發，頭腦靈活

1	5	膀胱病，腎病，婦科病	同上
2	5	孤寡，重病，癌症，中毒	同上
3	5	破財損身，困病再遭殃，肝病	同上
4	5	破財，田園廢，孤寡，好賭好酒	同上
5	5	雙重災病，腸胃，癌症	大凶，犯者必損
6	5	腸胃，頭痛，肺病	骨痛，頭疾，老父受尅
7	5	肺病，腸胃	口部之疾，女性多病，口舌是非，官非纏身（大太極是非，小太極疾病）
8	5	腰，腸，鼻，胃，呼吸之疾	不見火無妨，佈局合則吉（因八當運）忌年九到
9	5	主不吉，火燃土燥，血疾，目疾	男女愚頓，不善生產，工作停頓
1	6	桃花，功名，官貴	同上
2	6	進田莊之喜，買地買樓，但吝嗇	同上
3	6	手腳受損，官非，肝病，出背義忘恩之人	同上
4	6	煩惱，女性多病，簽錯文件，官非，差役勞碌	同上
5	6	腸疾，癌病，中毒	同上
6	6	發武貴，利財，骨病，失竊，刑殺，血光	頭疾，骨痛，不利文昌利甲，身體損傷，開刀手術
7	6	合作不和，部屬造反，官非，男女不和，車禍（交劍煞）	血光，開刀，橫禍，破產，朋友反目，家人不和，身體損傷
8	6	八運吉，文武雙全，肺病，腦病	不利家運，佈局合則吉
9	6	火燒天門，生忤之子，血症，父子不和，腦病，骨病	不利聲名，不利老父，頭疾
1	7	桃花，出門有利，酒色財氣，徒流，刑殺	同上
2	7	口部之疾，好酒色，淫亂	同上
3	7	破財，官非，腳傷，肝病	同上
4	7	桃花，出門，刀傷，血光	同上
5	7	七赤退氣多病，服毒，性病	同上
6	7	合作不和，部屬造反，官非，男女不和，車禍（交劍煞）	公司67門，部屬不和，破產
7	7	是非，口舌，盜賊，血光，桃花，淫亂	失物，失憶，小兒讀書不成，官非
8	7	八運吉，肺病，骨病	同上
9	7	回祿之災，心臟病，肺病，血症，中毒，好酒色	床頭女性皮膚差，脾氣暴燥，尅小兒，不正桃花
1	8	八運吉，耳疾，膀胱病，損中男	同上
2	8	疾病，母子吵架	同上
3	8	八運吉，不利小兒，男同性戀	同上
4	8	進田莊，女同性戀，不利小童	同上
5	8	八運吉	同上
6	8	吉，進財，利田宅，利男性	同上
7	8	八運吉	同上
8	8	八運吉	8運8為旺，要搶氣，用動水催
9	8	八運吉	88較98力大，用8為旺
1	9	桃花，利讀書，性病，皮膚病，小產	同上
2	9	主女人多，桃花重，心臟病，婦科病，	同上
		好酒色	
3	9	聰明，吝嗇，足症	同上
4	9	聰明俊秀，桃花，女同性戀	同上
5	9	主長病，凶，火生土，心臟病，流產，出愚頑之夫	同上
6	9	火燒天門，生忤逆之子，流血，腦病	同上
7	9	心臟病，女權當上，中毒，好酒色	同上
8	9	八運吉，脾胃病，心臟病，血症，損丁	同上
9	9	目疾，火災，心臟病，血症，淫亂，損丁	眼痛，不利小兒，不利老人，男性，男性桃花過強，對老父最不利，心臟病

坊間不乏論述雙星斷事的書籍，大多以山星會向星為依歸。可是，《沈氏玄空學》「宅斷」一章列舉的數十個陰、陽宅例子，大多不以山星會向星斷事，反而用運星與山星、運星與向星、元旦盤與山星、元旦盤與向星等組合。另一本玄空經典著作《宅運新案》更以流年星、流月星、流日星、流時星，山向星等斷事。筆者對雙星斷事之淺見，詳見拙作《玄空風水心得二·雙星斷事之真義》章。

第十四節　兼線之謎

根據《沈氏玄空學》，立向在每卦山（每卦山十五度）中間九度以內，用下卦起星盤。立向超過中間九度，則須用兼線替卦。替卦歌訣最早見於楊公《青囊奥語》，然僅提及十二山向而已：

坤壬乙，巨門從頭出。
艮丙辛，位位是破軍。

巽辰亥，盡是武曲位。
甲癸申，貪狼一路行。

直到蔣大鴻授其嫡傳弟子姜垚後，方出現完整的「二十四山替卦歌訣」：

子癸並甲申，貪狼一路行。
壬卯乙未坤，五位是巨門。
乾亥辰巽巳，連戌武曲名。
酉辛丑艮丙，天星說破軍。
寅午庚丁上，右弼四星臨。

然而，兼線的運用，各有異說：

分歧一：「沈氏玄空派」主張立向超出每卦山中間九度，須用兼線替卦起盤斷事，此說廣被採用。

分歧二：「宅運新案派」主張兼至三四分者（即離每卦山正中線三至四度），當用替星：向上無水者，前十年作本向論，後十年作替星論；向上有水者，則不拘前後，均用替星推斷。

分歧三：立向超出每卦山中間十二度才用兼線替卦起盤斷事。此法鮮有玄空師採用。

分歧四：在一卦三山內，倘若兼山向陰陽相同，不論任何度數，也不須用替卦，陰陽不同，方用替卦。此乃無常派和中州派所司之法。簡而言之，每卦有地元龍、天元龍及人元龍，天元龍和人元龍陰陽必定相同，因此，立向在天元龍兼人元龍，或人元龍兼天元龍，就不必用替卦，沿用下卦挨排星盤即可。地元龍兼同卦的天元龍，或兼鄰卦的人元龍，及人元龍兼鄰卦的地元龍，亦必須用兼線替卦起盤斷事，跟沈氏玄空相同。立向超過中間九度，即作兼線論。

分歧五：完全不用兼線替卦。不論甚麼度數也用下卦挨排星盤斷事布局。此說由近賢劉訓昇先生（《陰陽學》作者）提出。其理論是：立向在一卦山中間三度內，準確性達百分之百；若兼左兼右三度內，準確性達百分之八十；若兼左兼右三度外至六度，準確性只有百分之六十。

諸位有否發現，飛星派兼線替卦有以下幾個問題：

一、替卦歌訣只提到巨門、貪狼、武曲、破軍和右弼五顆星曜，缺少了祿存、文曲和左輔星。若細心研究其星數排列，不難發現，其排列位置出奇吻合，可知箇中必有原由。諸位可從生成、合十等原理加以分析，定必有所得着。

二、二十四山向中，只有十三個山向有替星可用，其餘十一個山向下卦和替星，皆同一天星——分別是子癸同用貪狼、戌乾亥同用武曲、酉辛同用破軍、未坤同用巨門和午丁同用右弼。

從九運替卦廿四山向二百一十六個星盤中，其中五十二個星盤與下卦星盤相同。兼線替卦由「星」入中飛佈，非由運盤的「卦」入中飛佈，因此，五十二個星盤和相同的下卦星盤迥然不同。欲知詳情，請參考拙作《玄空風水心得二》「替而不替」章。

三、兼線替卦，不論兼左還是兼右，其兼線替卦盤相同。星盤看似相若，然二者佈局運用迥異。兼左兼右有以下分別：

1、出卦兼與不同陰陽互兼

2、不同陰陽互兼與同陰同陽互兼

3、同陰同陽互兼與出卦兼

兼左兼右皆由同一替「星」而入中飛佈，然而，由於有出卦有同陰陽、不同陰陽、同陰同陽之別，將之看成同一星盤，於理不合，亦欠準繩。

第十五節　收山出煞

收山出煞，指生旺向星方見水，生旺山星方見山，為收山；衰死向星方見山，衰死山星方見水，為出煞；若八方之山水旺衰各得其所，便稱之為「收山出煞」。《都天寶照經》溫氏有以下闡釋：「收山者，即收生旺到水，出煞者，即出衰星到山，此以排向而言，若排坐山，即收生旺到山，為之收山出衰星到水，為之出煞。」

《沈氏玄空學》卷五提及收山出煞，並有例子詳解，現節錄如下：

「青囊序曰：『山上龍神不下水，水裏龍神不上山。』此語乃吉凶之樞紐，禍福之關鍵，為玄空理氣中扼要法門。山主人丁，水主財源，龍神得失所關至鉅，偶或顛倒則損丁破財，為禍百端，故山上排龍切忌下水，必置旺星於高山實地。水裏排龍並忌上山，亦須挨旺星於池蕩河流或低窪之處，此山向飛星安排之要訣，不容倒置者也。

茲舉七運乙山辛向一局，以例其餘。山上排龍以運盤五到山，用五入中，乙陰逆行，山上飛星七到山，七即當令之星為旺氣。八挨坤，八係將來者為生氣，故七八兩方要高。九在坎遇高地，則山上龍神得所矣。生旺之氣放在高處，主旺人丁。六為衰氣，臨於巽方，四為死氣，臨於乾方，若巽乾方高則為衰死氣得力，故宜巽乾兩方有水，則衰死之氣放在水裏而煞脫矣。水裏排龍運盤九到向，用九入中，九即丁陰逆行，向上飛星七到向，七為當運之旺氣，八在乾，為未來之生氣，故乾兌兩方有水則水裏龍神得所矣。生旺之氣放在水裏主旺財源。六為衰氣，五四為死氣，若有則衰死之氣得力而煞存也。故艮離坎三方宜高而不喜見水，則衰死之氣放在高處矣。且水裏排龍生旺固宜挨到水裏，而山上排龍衰死亦要放在水裏，則兌乾兩方有水俱一舉兩得。反之震坤坎三方有山，亦各得其宜。總之，能辨五行之衰旺以配合龍神，則豈徒免上山下水之病，而收山出煞之妙用亦道在斯矣！」

以上解註非常清晰，文中所舉例子如下圖：

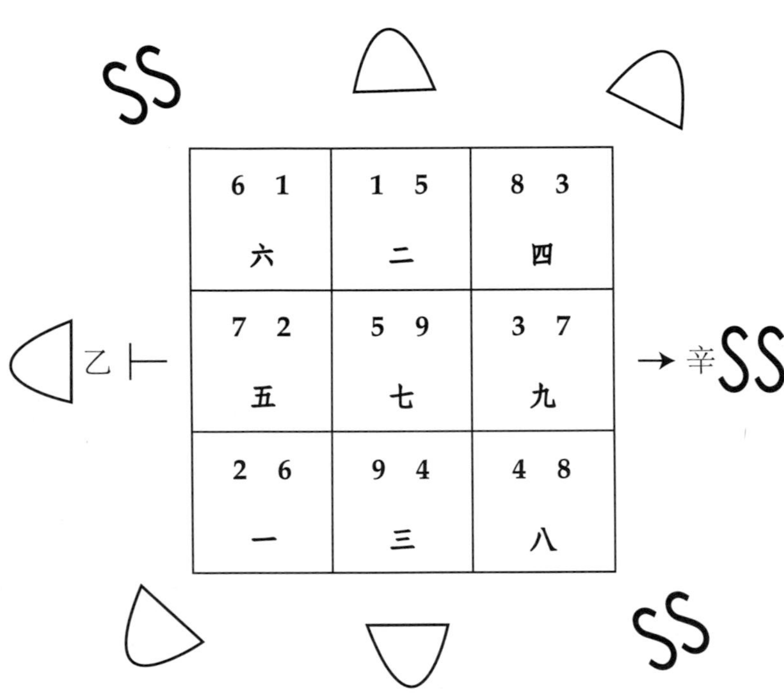

圖十六：七運乙山辛向

簡單而言，收山出煞訣：

以煞星論，向星見山者或山星見水者為出煞。

以吉星論，山星見山者或向星見水者為收山。

若該宮見水，向星為生旺星，山星為衰死星，則一舉兩得；反之，若該宮見山，向星為衰死星，山星為生旺星，則各得其宜。

可是，上例收山出煞之妙，僅用在坤、兌、乾、坎及震方。艮方衰氣向星六見山，為出煞，但死氣山星二卻不能出煞；巽方、離方同論，此三方不論見山或見水，從收山出煞理論來說，皆有不足。

上文僅解說部分收山出煞之訣，其精要之處，在於「八卦只有一卦通」，即八國山水互相配合來生旺向首之龍神。首先，要分辨九星衰旺，再配合龍神，然後查看八宮山水對每宮龍神力量強弱之影響，最後觀五行是否通向首一卦。假如能把八國山水的能量皆貫注向首一宮，才是真正收山出煞。有關收山出煞詳解和例子，請詳參拙作《玄空風水心得(二)：沈氏玄空學研究心得附流年飛星佈局》。

後記

筆者首本著作於二零一四年出版，一年後再版，增補「流年飛星佈局」。二零一九年第二次再版，添補了二零一九及二零二零年「流年飛星佈局」。是書探究玄空飛星學理種種奧義，包括較艱深的反伏吟、抽爻換象、父母三般卦等，又探討玄空飛星具爭議性的問題，如：起元運飛星盤、巒頭理氣取捨、催旺化煞等，俾便研習玄空飛星者掌握玄空學全貌，探本窮源，觸類旁通。

二零一六年，筆者第二本著作出版，數月後即加印修訂版，揭露更多玄空飛星之秘，希望啟廸更多志同道合者，登入玄空飛星之堂奧。

玄空飛星在上世紀九十年代，乃港、台炙手可熱的風水學派，連帶相關的風水學著作也大受歡迎，屢屢再版。然而，時移世易，今天，純風水學理書籍能於數年內多次再版，實屬奇蹟。筆者決意執筆，主因有二：一是社會上一宗爭產事件，二是數之不盡收拾「爛攤子」的經歷，讓筆者深深感受到風水師傅良莠不齊的貽害。玄空地理之學，運用得當，可趨吉避凶，助人於窘急；倘若遇上學藝不精、一知半解之徒，誤信其言，後果堪憂。

執筆之初，旨在撥亂反正，把正統玄空飛星學理昭示於世，冀正在執業的玄空學同仁，認真鑽研，以真才實學幫助別人。諸位務必謹記：山向星五黃僅以金化解、使用山向兩星雙星斷事、以五行作宮內催旺化煞佈局等，僅屬玄空學皮毛而已，稍一不慎，錯用起盤元運或坐向或中心點，可致「催凶遠吉」之惡果。

筆者已出版的兩部拙作，皆旨在臂助同道精研玄空飛星學理，故書中所述對初學者而言，略為深奧。筆者知悉，不少讀者有意涉獵玄空學，唯苦無可讀之書，有鑑於此，此書主要論述玄空基礎理論，為有意學習玄空飛星者，提供入門之徑。

在此，先向太太及兒女道謝，全賴他們的鼓勵、支持及諒解，此書方能順利完成。此外，書中部分內容乃玄空「遙一派」門內之秘術，得恩師陳癸龍首肯，讓一小部分玄空之秘公諸同好，令讀者有機會一窺本門之秘。又文字修飾工作由「必必」小姐任勞，謹此一併申謝。

後學李泗達
己亥年孟秋

占筮類			
1	擲地金聲搜精秘訣	心一堂編	沈氏研易樓藏稀見易占秘鈔本
2	卜易拆字秘傳百日通	心一堂編	
3	易占陽宅六十四卦秘斷	心一堂編	火珠林占陽宅風水秘鈔本
星命類			
4	斗數宣微	【民國】王裁珊	民初最重要斗數著述之一；未刪改本
5	斗數觀測錄	【民國】王裁珊	失傳民初斗數重要著作
6	《地星會源》《斗數綱要》合刊	心一堂編	失傳的第三種飛星斗數
7	《斗數秘鈔》《紫微斗數之捷徑》合刊	心一堂編	珍稀「紫微斗數」舊鈔秘本
8	斗數演例	心一堂編	
9	紫微斗數全書（清初刻原本）	題【宋】陳希夷	斗數全書本來面目；有別於錯誤極多的坊本
10－12	鐵板神數（清刻足本）——附秘鈔密碼表	題【宋】邵雍	無錯漏原版 秘鈔密碼表 首次公開！
13－15	蠢子數纏度	題【宋】邵雍	蠢子數連密碼表 打破數百年秘傳 首次公開！
16－19	皇極數	題【宋】邵雍	清鈔孤本附起例及完整密碼表 研究神數必讀！
20－21	邵夫子先天神數	題【宋】邵雍	附手鈔密碼表 研究神數必讀！
22	八刻分經定數（密碼表）	題【宋】邵雍	皇極數另一版本；附手鈔密碼表
23	新命理探原	【民國】袁樹珊	子平命理必讀教科書！
24－25	袁氏命譜	【民國】袁樹珊	
26	韋氏命學講義	【民國】韋千里	民初二大命理家南袁北韋
27	千里命稿	【民國】韋千里	
28	精選命理約言	【民國】韋千里	北韋之命理經典
29	滴天髓闡微——附李雨田命理初學捷徑	【民國】袁樹珊、李雨田	命理經典未刪改足本
30	段氏白話命學綱要	【民國】段方	民初命理經典最淺白易懂
31	命理用神精華	【民國】王心田	學命理者之寶鏡

62	地理辨正補註　附 元空秘旨　天元五歌　玄空精髓　心法秘訣等數種合刊	【民國】胡仲言	貫通易理、巒頭、三元、三合、天星、中醫
63	地理辨正自解	【清】李思白	公開玄空家「分率尺、工部尺、量天尺」之秘
64	許氏地理辨正釋義	【民國】許錦灝	民國易學名家黃元炳力薦
65	地理辨正天玉經內傳要訣圖解	【清】程懷榮	秘訣一語道破，圖文并茂
66	謝氏地理書	【民國】謝復	玄空體用兼備、深入淺出
67	論山水元運易理斷驗、三元氣運說附紫白訣等五種合刊	【宋】吳景鸞等	失傳古本《玄空秘旨》《紫白訣》
68	星卦奧義圖訣	【清】施安仁	
69	三元地學秘傳	【清】何文源	
70	三元玄空挨星四十八局圖說	心一堂編	三元玄空門內秘笈　清鈔孤本
71	三元挨星秘訣仙傳	心一堂編	過去均為必須守秘不能公開秘密
72	三元地理正傳	心一堂編	
73	三元天心正運	心一堂編	與今天流行飛星法不同
74	元空紫白陽宅秘旨	心一堂編	
75	玄空挨星秘圖　附 堪輿指迷	心一堂編	
76	姚氏地理辨正圖說　附 地理九星并挨星真訣全圖　秘傳河圖精義等數種合刊	【清】姚文田等	
77	元空法鑑批點本——附 法鑑口授訣要、秘傳玄空三鑑奧義匯鈔　合刊	【清】曾懷玉等	蓮池心法　玄空六法門內秘鈔本首次公開
78	元空法鑑心法	【清】曾懷玉等	
79	曾懷玉增批蔣徒傳天玉經補註【新修訂版原（彩）色本】	【清】項木林、曾懷玉	
80	地理學新義	【民國】俞仁宇撰	
81	地理辨正揭隱（足本）　附連城派秘鈔口訣	【民國】王邈達	揭開連城派風水之秘
82	趙連城傳地理秘訣附雪庵和尚字字金	【明】趙連城	
83	趙連城秘傳楊公地理真訣	【明】趙連城	
84	地理法門全書	仗溪子、芝罘子	巒頭風水，內容簡核、深入淺出
85	地理方外別傳	【清】熙齋上人	巒頭形勢、「望氣」「鑑神」
86	地理輯要	【清】余鵬	集地理經典之精要
87	地理秘珍	【清】錫九氏	巒頭、三合天星，圖文並茂
88	《羅經舉要》附《附三合天機秘訣》	【清】賈長吉	清鈔孤本羅經、三合訣法圖解
89－90	嚴陵張九儀增釋地理琢玉斧巒	【清】張九儀	清初三合風水名家張九儀經典清刻原本！

占筮類			
121	卜易指南(二種)	【清】張孝宜	民國經典，補《增刪卜易》之不足
122	未來先知秘術——文王神課	【民國】張了凡	內容淺白、言簡意賅、條理分明
星命類			
123	人的運氣	汪季高(雙桐館主)	五六十年香港報章專欄結集！
124	命理尋源	【民國】徐樂吾	民國三大子平命理家徐樂吾必讀經典！
125	訂正滴天髓徵義		
126	滴天髓補註 附 子平一得		
127	窮通寶鑑評註 附 增補月談賦 四書子平		
128	古今名人命鑑		
129-130	紫微斗數捷覽(明刊孤本)[原(彩)色本] 附 點校本 (上)(下)	馮一、心一堂術數古籍整理編校小組 整理	明刊孤本 首次公開！
131	命學金聲	【民國】黃雲樵	民國名人八字、六壬奇門推命
132	命數叢譚	【民國】張雲溪	子平斗數共通、百多民國名人命例
133	定命錄	【民國】張一蟠	民國名人八十三命例詳細生平
134	《子平命術要訣》《知命篇》合刊	【民國】鄒文耀、【民國】胡仲言 撰	《子平命術要訣》科學命理；《知命篇》易理皇極、命理地理、奇門六壬互通
135	科學方式命理學	閻德潤博士	匯通八字、中醫、科學原理！
136	八字提要	韋千里	民國三大子平命理家韋千里必讀經典！
137	子平實驗錄	【民國】孟耐園	作者四十多年經驗 占卜奇靈 名震全國！
138	民國偉人星命錄	【民國】囂囂子	幾乎包括所民初總統及國務總理八字！
139	千里命鈔	韋千里	失傳民初三大命理家-韋千里 代表作
140	斗數命理新篇	張開卷	現代流行的「紫微斗數」內容及形式上深受本書影響
141	哲理電氣命數學——子平部	【民國】彭仕勛	命局按三等九級格局、不同術數互通借用
142	《人鑑——命理存驗・命理擷要》(原版足本)附《林庚白家傳》	【民國】林庚白	傳統子平學修正及革新、大量名人名例
143	《命學苑苑刊——新命》(第一集)附《名造評案》《名造類編》等	【民國】林庚白、張一蟠等撰	史上首個以「唯物史觀」來革新子平命學結集
相術類			
144	中西相人探原	【民國】袁樹珊	按人生百歲，所行部位，分類詳載
145	新相術	【美國】字拉克福原著、【民國】沈有乾編譯	通過觀察人的面相身形、色澤舉止等，得知性情、能力、習慣、優缺點等
146	骨相學	【民國】風萍生編著	結合醫學中生理及心理學，影響近代西、日、中相術深遠
147	人心觀破術 附運命與天稟	【日本】管原如庵、加藤孤雁原著，【民國】唐真如譯	觀破人心、運命與天稟的奧妙

編號	書名	作者	說明
148	《人相學之新研究》《看相偶述》合刊	盧毅安	集中外大成，無不奇驗；影響近代香港相術名著
149	冰鑑集	【民國】碧湖鷗客	各家相法精華、相術捷徑、圖文並茂附名人照片
150	《現代人相百面觀》《相人新法》合刊	【民國】吳道子輯	失傳民初相學經典二種 重現人間！
151	性相論	【民國】余晉龢	民初北平公安局專論相學與犯罪專著(犯罪學生物學派)
152	《相法講義》《相理秘旨》合刊	韋千里、孟瘦梅	命理學大家韋千里經典、傳統相術秘籍精華
153	《掌形哲學》附《世界名人掌形》《小傳》	【民國】余萍客	圖文并茂、附歐美名人掌形圖及生平簡介
154	觀察術	【民國】吳貴長	可補充傳統相術之不足
堪輿類			
155	羅經消納正宗	【明】沈昇撰、【明】史自成、丁孟章合纂	失傳四庫存目珍稀風水古籍
156	風水正原	【清】余天藻	●積德為求地之本，形家必讀！ ●純宗形家，與清代欽天監地理風水主張大致相同
157	安溪地話(風水正原二集)		
158	《蔣子挨星圖》附《玉鑰匙》	傳【清】蔣大鴻等	窺知無常派章仲山一脈真傳奧秘
159	樓宇寶鑑	吳師青	陽宅風水必讀、現代城市樓宇風水看法改革
160	《香港山脈形勢論》《如何應用日景羅經》合刊		香港風水山脈形勢專著
161	三元真諦稿本——讀地理辨正指南	【民國】王元極	被譽為蔣大鴻、章仲山後第一人 內容直接了當，盡揭三元玄空家之秘
162	三元陽宅萃篇		
163	王元極增批地理冰海 附批點原本地理冰海	【清】高守中【民國】王元極	
164	地理辨正發微	【清】唐南雅	極之清楚明白，披肝露膽
165-167	增廣沈氏玄空學 附 仲山宅斷秘繪稿本三種、自得齋地理叢說稿鈔本(上)(中)(下)	【清】沈竹礽	玄空必讀經典！附《仲山宅斷》幾種鈔本及批點本，畫龍點睛、披肝露膽，道中刊印本未點破的秘訣
168-169	巒頭指迷(上)(下)	【清】尹貞夫原著、【民國】何廷珊增訂、批注	圖文并茂：龍、砂、穴、水、星辰九十九變 洩漏天機：蔣大鴻、賴布衣挨星秘訣及用法
170-171	三元地理真傳(兩種)(上)(下)	【清】趙文鳴	蔣大鴻嫡派真傳張仲馨一脈二十種家傳秘本、宅墓案例三十八圖，並附天星擇日
172	三元宅墓圖 附 家傳秘冊		
173	宅運撮要	【民國】尤惜陰(演本法師)、榮柏雲	撮三集《宅運新案》之精要
174	章仲山秘傳玄空斷驗筆記 附 章仲山斷宅圖註	【清】章仲山傳、【清】唐鷺亭纂	無常派玄空不外傳秘中秘！二宅實例有斷驗及改造內容
175	汪氏地理辨正發微 附 地理辨正真本	【清】蔣大鴻、姜垚原著、【清】汪云吾發微	蔣大鴻嫡派張仲馨一脈三元理、法、訣具體泄露 三百年來最佳《地理辨正》註解！石破天驚！
176	蔣大鴻家傳歸厚錄汪氏圖解	【清】蔣大鴻、【清】汪云吾圖解	
177	蔣大鴻嫡傳三元地理秘書十一種批注	【清】蔣大鴻原著、【清】汪云吾、【清】劉樂山註	

178	《星氣(卦)通義(蔣大鴻秘本四十八局圖并打劫法)》《天驚秘訣》合刊	題【清】蔣大鴻 著	江西興國真傳三元風水秘本
179	蔣大鴻嫡傳天心相宅秘訣全圖附陽宅指南等秘書五種	【清】蔣大鴻編訂、【清】汪云吾、劉樂山註	蔣大鴻徒張仲馨秘傳陽宅風水「教科書」！
180	家傳三元地理秘書十三種		真天宮之秘 千金不易之寶
181	章仲山門內秘傳《堪輿奇書》附《天心正運》	【清】章仲山傳、【清】華湛恩	直洩無常派章仲山玄空風水不傳之秘
182	《挨星金口訣》、《王元極增批補圖七十二葬法訂本》合刊	[民國]王元極	秘中秘——玄空挨星真訣公開！字字千金！
183-184	《家傳三元古今名墓圖集附謝氏水鉗》《蔣氏三元名墓圖集》合刊(上)(下)	(清)孫景堂，劉樂山，張稼夫	蔣大鴻嫡傳風水宅案、幕講師、蔣大鴻、姜垚等名家多個實例，破禁公開！
185-186	《山洋指迷》足本兩種 附《尋龍歌》(上)(下)	【明】周景一	風水巒頭形家必讀《山洋指迷》足本！
187-196	蔣大鴻嫡傳水龍經注解 附 虛白廬藏珍本水龍經四種(1-10)	【清】蔣大鴻編訂、【清】楊臥雲、汪云吾、劉樂山註	蔣大鴻嫡傳一脈授徒秘笈 希世之寶 千年以來，師師相授之秘旨，破禁公開！ 完整了解蔣氏嫡派真傳一脈三元理、法、訣！ 附已知最古《水龍經》鈔本等五種稀見《水龍經》
197	批注地理辨正直解	【清】章仲山	無常派玄空必讀經典未刪改本！
198	《天元五歌闡義》附《元空秘旨》(清刻原本)		
199	心眼指要(清刻原本)		
200	華氏天心正運	【清】華湛恩	
201-202	批注地理辨正再辨直解合編(上)(下)	【清】蔣大鴻原著、【清】姚銘三再註、【清】章仲山直解	失傳姚銘三玄空經典重現人間！ 名家：沈竹礽、王元極推薦！
203	章仲山注《玄機賦》《元空秘旨》附《口訣中秘訣》《因象求義》等九種合刊	【清】章仲山	近三百年來首次公開！ 章仲山無常派玄空秘密，和盤托出！ 章仲山注《玄機賦》及章仲山原傳之口訣及筆記
204	章仲山門內真傳《三元九運挨星篇》《運用篇》《挨星定局篇》《口訣篇》等合刊	【清】章仲山、柯遠峰等	
205	章仲山門內真傳《大玄空秘圖訣》《天驚訣》《飛星要訣》《九星斷略》《得益錄》等合刊	【清】章仲山、冬園子等	
206	撼龍經真義	吳師青註	近代香港名家吳師青必讀經典
207	章仲山嫡傳《翻卦挨星圖》《秘鈔元空秘旨》 附《秘鈔天元五歌闡義》	【清】章仲山傳、【清】王介如輯撰	透露章仲山家傳玄空嫡傳學習次弟及關鍵不傳之秘
208	章仲山嫡傳秘鈔《秘圖》《節錄心眼指要》合刊		
209	《談氏三元地理大玄空實驗》附《談養吾秘稿奇門占驗》	【民國】談養吾撰	史上首次公開「無常派」下卦起星等挨星秘密之書
210	《談氏三元地理濟世淺言》附《打開一條生路》		了解談氏入世的易學卦德爻象思想
211-215	《地理辨正集註》附 《六法金鎖秘》《巒頭指迷真詮》《作法雜綴》等(1-5)	【清】尋緣居士	集《地理辨正》一百零八家註解大成精華 匯巒頭及蔣氏、六法、無常、湘楚等秘本 史上最大篇幅的《地理辨正》註解
216	三元大玄空地理二宅實驗(足本修正版)	【民國】尤惜陰(演本法師)、榮柏雲撰	三元玄空無常派必讀經典足本修正版

編號	書名	作者	說明
217	蔣徒呂相烈傳《幕講度針》附《元空秘斷》《陰陽法竅》《挨星作用》	【清】呂相烈	蔣大鴻門人呂相烈三元秘本三百年來首次破禁公開！
218	挨星撮要(蔣徒呂相烈傳)		
219-221	《沈氏玄空挨星圖》《沈註章仲山宅斷未定稿》《沈氏玄空學(四卷原本)》合刊(上中下)	【清】沈竹礽　等	揭開沈氏玄空挨星五行吉凶斷的變化及不同用法 章仲山宅斷未刪本、沈氏玄空學原本佚文、玄空挨星圖稿鈔本　大公開！
222	地理穿透真傳(虛白廬藏清初刻原本)	【清】張九儀	三合天星家宗師張九儀畢生地學精華結集
223-224	地理元合會通二種(上)(下)	【清】姚炳奎	分發兩家(三元、三合)之秘，會通其用詳解注羅盤(蔣盤、賴盤)；義理、斷驗俱精
其他類			
225	天運占星學　附　商業周期、股市粹言	吳師青	天星預測股市，神準經典
226	易元會運	馬翰如	《皇極經世》配卦以推演世運與國運
三式類			
227	大六壬指南(清初木刻五卷足本)		六壬學占驗課案必讀經典海內善本
228-229	甲遁真授秘集(批注本)(上)(下)	【清】薛鳳祚	明清皇家欽天監秘傳奇門遁甲 奇門、易經、皇極經世結合經典
230	奇門詮正	【民國】曹仁麟	簡易、明白、實用，無師自通！
231	大六壬探源	【民國】袁樹珊	民初三大命理家袁樹珊研究六壬四十餘年代表作
232	遁甲釋要	【民國】徐昂	推衍遁甲、易學、洛書九宮大義！
233	《六壬卦課》《河洛數釋》《演玄》合刊		疏理六壬、河洛數、太玄隱義！
234	六壬指南(【民國】黃企喬)	【民國】黃企喬	失傳經典　大量實例
選擇類			
235	王元極校補天元選擇辨正	原【清】謝少暉輯、【民國】王元極校補	三元地理天星選日必讀
236	王元極選擇辨真全書　附　秘鈔風水選擇訣	【民國】王元極	王元極天昌館選擇之要旨
237	蔣大鴻嫡傳天星選擇秘書注解三種	【清】蔣大鴻編訂、【清】楊臥雲、汪云吾、劉樂山註	蔣大鴻陰陽二宅天星擇日日課案例！
238	增補選吉採源	【民國】袁樹珊	按表檢查，按圖索驥：簡易、實用！
239	《八風考略》《九宮撰略》《九宮考辨》合刊	沈瓞民	會通沈氏玄空飛星立極、配卦深義
其他類			
240	《中國原子哲學》附《易世》《易命》	馬翰如	國運、世運的推演及預言

心一堂術數古籍整理叢刊

全本校註增刪卜易	【清】野鶴老人	李凡丁（鼎升）校註
紫微斗數捷覽（明刊孤本）附點校本	傳【宋】陳希夷	馮一、心一堂術數古籍整理小組點校
紫微斗數全書古訣辨正	傳【宋】陳希夷	潘國森辨正
應天歌（修訂版）附格物至言	【宋】郭程撰 傳	莊圓整理
壬竅	【清】無無野人小蘇郎逸	劉浩君校訂
奇門祕覈（臺藏本）	【元】佚名	李鏘濤、鄭同校訂
臨穴指南選註	【清】章仲山 原著	梁國誠選註
皇極經世真詮—國運與世運	【宋】邵雍 原著	李光浦

心一堂當代術數文庫	
增刪卜易之六爻古今分析	愚人
命理學教材（第一級）	段子昱
命理學教材 之 五行論命口訣	段子昱
斗數詳批蔣介石	潘國森
潘國森斗數教程（一）：入門篇	潘國森
紫微斗數登堂心得：三星秘訣篇——潘國森斗數教程（二）	潘國森
紫微斗數不再玄	犂民
玄空風水心得（增訂版）（附流年催旺化煞秘訣）	李泗達
玄空風水心得（二）——沈氏玄空學研究心得（修訂版）附流年飛星佈局	李泗達
廖氏家傳玄命風水學（一）——基礎篇及玄關地命篇	廖民生
廖氏家傳玄命風水學（二）——玄空斗秘篇	廖民生
廖氏家傳玄命風水學（三）——楊公鎮山訣篇附斷驗及調風水	廖民生
廖氏家傳玄命風水學（四）——秘訣篇：些子訣、兩元挨星、擇吉等	廖民生
《象數易——六爻透視：入門及推斷》修訂版	愚人
《象數易——六爻透視　財股兩望》	愚人
《象數易——六爻透視：病在何方》	愚人
《象數易——六爻透視：自身揭秘》	愚人
命卜隨筆	林子傑
香港特首命格臆解——斗數子平合參再探	潘國森
玄空風水心得（三）——玄空基礎探微	李泗達

心一堂易學經典文庫 已出版及即將出版書目

宋本焦氏易林（上）（下）	【漢】焦贛
周易易解（原版）（上）（下）	【清】沈竹礽
《周易示兒錄》附《周易說餘》	【清】沈竹礽
三易新論（上）（中）（下）	沈瓞民
《周易孟氏學》《周易孟氏學遺補》《孟氏易傳授考》	沈瓞民
京氏易八卷（清《木犀軒叢書》刊本）	【漢】京房
京氏易傳古本五種	【漢】京房
京氏易傳箋註	【民國】徐昂
推易始末	【清】毛奇齡
刪訂來氏象數圖說	【清】張恩霨
周易卦變解八宮說	【清】吳灌先
易觸	【清】賀子翼
易義淺述	何遯翁